NAJWAŻNIEJSZE KULTOWE PRZEPISY W NOWYM JORKU

Od ulicznych potraw po ukryte klejnoty: 100 przepisów Nowego Jorku

NATALIA MRÓZ

Prawa autorskie ©2024

Wszelkie prawa zastrzeżone

Żadna część tej książki nie może być wykorzystywana ani rozpowszechniana w jakiejkolwiek formie i w jakikolwiek sposób bez odpowiedniej pisemnej zgody wydawcy i właściciela praw autorskich, z wyjątkiem krótkich cytatów użytych w recenzji. Niniejsza książka nie powinna być traktowana jako substytut porady lekarskiej, prawnej lub innej porady zawodowej.

SPIS TREŚCI

SPIS TREŚCI 3
WSTĘP 6
ŚNIADANIE 7
   1. Bajgle z Łosiem i Serkiem 8
   2. Pizza śniadaniowa w stylu nowojorskim 10
   3. Wszystko Bajgiel, szynka i kanapka z serem 12
   4. Klasyczne naleśniki w stylu nowojorskim 14
   5. Omlety z krewetkami i krabami 16
   6. Muffinki jagodowe po nowojorsku 18
   7. Ajerkoniak śniadaniowy 20
   8. Quiche Lotaryngia 22
   9. Frittaty z białek z puszki na muffiny 24
   10. Pączki jabłkowe 26
PRZYSTAWKI 28
   11. Miękkie precle z dipem musztardowym 29
   12. Dip ze szpinaku i karczochów po nowojorsku 31
   13. Koktajl z krewetek w stylu nowojorskim 33
   14. Roladki jajeczne Reuben w stylu nowojorskim 35
   15. Skrzydełka z kurczaka Buffalo po nowojorsku 37
   16. Grzyby faszerowane po nowojorsku 39
   17. Tost z krewetkami 41
   18. Ciasta kukurydziane Johnny 43
   19. Cytrynowe paski kurczaka 45
   20. Ciasteczka 48
DANIE GŁÓWNE 50
   21. Pizza w stylu nowojorskim 51
   22. Kurczak i ryż po nowojorsku 53
   23. Kanapka z pastrami z wołowiną po nowojorsku 55
   24. Stek ze stekami w stylu nowojorskim 57
   25. Podstawowy smażony kurczak 59
   26. Grillowane ostrygi z masłem czosnkowym i parmezanem 61
   27. Grillowana fasolka szparagowa z pomarańczą i sezamem: 63
   28. Smażony Kurczak 65
   29. Pieczeń wołowa z sosem grzybowym 67
   30. Duszona Wołowina i Ziemniaki 69
   31. Szpinak w śmietanie 71
   32. Smażone ostrygi 73
   33. Jabłkowy Pan Dowdy 75
   34. Smażone ostrygi 77
   35. Stek z flanki 79
   36. Soczysty stek 81

37. Krewetki Sherry 83
38. Duszona Wołowina 85
39. Homar Newburg 87
40. Parmezan z bakłażana po nowojorsku 89
41. Pieczeń wołowa z budyniem Yorkshire 91
42. Kremowa kasza serowa 94
43. Frykas z Kurczakiem 96
44. Szpinak w śmietanie 98
45. Kurczak i Brokuły Alfredo 100
46. Kugel Ziemniaczany 102
47. Ziemniaki Razorback 104
48. Gulasz wołowy 106
49. Ciasto z befsztykiem 108
50. Fasola Pinto i szynka 110
51. Bostońska fasolka po bretońsku 112
52. Pieczony nadziewany jesiotr 114
53. Rolada z homarem w stylu nowojorskim 116
54. Wegetariańska kanapka z bajglem 118

ZUPY I ZUPY 120
55. Zupa Matzo Ball w stylu nowojorskim 121
56. Zupa pomidorowo-bazyliowa po nowojorsku 123
57. Zupa z kurczakiem i makaronem po nowojorsku 125
58. Zupa grochowa po nowojorsku 127
59. Zupa Minestrone w stylu nowojorskim 129
60. Zupa kukurydziana w stylu nowojorskim 131
61. Zupa z wołowiny i jęczmienia po nowojorsku 133
62. Klasyczna nowojorska zupa z małży 135
63. Francuska zupa cebulowa 137
64. Zupa z małży Manhattan 139
65. Zupa ogonowa 141
66. Zupa rybna 143

DODATKI I SAŁATKI 145
67. Delikatesy Coleslaw w stylu nowojorskim 146
68. Sałatka ziemniaczana po nowojorsku 148
69. Sałatka Waldorf w stylu nowojorskim 150
70. Sałatka Szpinakowa z Boczkiem i Serem Pleśniowym 152
71. Sałatka Caprese w stylu nowojorskim 154
72. Węzły czosnkowe w stylu nowojorskim 156
73. Sałatka Cezara w stylu nowojorskim 158
74. Zapiekany Makaron z Serem 160
75. Sałatka z jarmużu i komosy ryżowej po nowojorsku 162
76. Marmolada pomarańczowa 164
77. Frytki ze słodkich ziemniaków w stylu nowojorskim 166

78. Brukselka pieczona w czosnku 168
79. Sałatka Ogórkowa w stylu nowojorskim 170
80. Klasyczny Makaron z Serem 172
DESER 174
81. Sernik nowojorski 175
82. Szarlotka po nowojorsku 177
83. Pudding kukurydziany 179
84. Budyń Wiśniowy 181
85. Czekoladowa Babka w stylu nowojorskim 183
86. Smażone placki z jabłkami 185
87. Gotowany krem 187
88. Muffinki czarno-białe w stylu nowojorskim 189
89. Ciasto Shoo-Fly 191
90. Kolonialny Piernik 193
91. Sernik z budyniem na kremie waniliowym 195
92. Polewa wiśniowa Bourbon 198
93. Lody waniliowe 200
94. Czarno-białe ciasteczka 202
95. Ciasto kruche po nowojorsku 204
96. Kanapki z lodami czarno-białymi 206
97. Rugelach w stylu nowojorskim 208
98. Czekoladowy krem jajeczny w stylu nowojorskim 210
99. Tort Linzer w stylu nowojorskim 212
100. Pudding bananowy w stylu nowojorskim 214
WNIOSEK 216

WSTĘP

Witamy w tętniącym życiem kulinarnym wszechświecie miasta, które nigdy nie śpi! W „Najważniejsze kultowe przepisy w nowym jorku" zapraszamy Cię do rozpoczęcia gastronomicznej przygody poprzez różnorodny i tętniący życiem krajobraz jednego z największych miast kulinarnych na świecie – Nowego Jorku. Ta książka kucharska to Twoja przepustka do odkrywania i odtwarzania kultowych smaków, które definiują esencję Wielkiego Jabłka, od ulicznych dań po ukryte perełki, które stały się kulinarnymi legendami.

Wyobraź sobie tętniące życiem ulice, kalejdoskop kultur i nieodparte aromaty unoszące się z wózków z jedzeniem i legendarnych restauracji. Od skwierczenia placków ulicznych sprzedawców po wykwintne kuchnie ukryte w eklektycznych dzielnicach miasta – te 100 przepisów stanowi hołd dla tygla wpływów, które czynią kulinarną scenę Nowego Jorku tak wyjątkową.

Oprócz przepisów ta kolekcja jest celebracją kulturowego gobelinu miasta – ukłonem w stronę społeczności imigrantów, historycznych dzielnic i innowacyjnych szefów kuchni, którzy ukształtowali gastronomiczną tożsamość Nowego Jorku. Niezależnie od tego, czy jesteś lokalnym mieszkańcem tęskniącym za smakiem domu, czy też żądnym przygód kucharzem domowym, który chce wnieść do swojej kuchni kawałek nowojorskiej magii, te przepisy zostały opracowane tak, aby uchwycić ducha i smak miasta.

Dołącz do nas podczas przemierzania dzielnic i odkrywania kulinarnych sekretów, dzięki którym każdy przepis jest istotną częścią kultowej kultury kulinarnej Nowego Jorku. Od klasycznych bajgli po tajemnicze burgery z sosem – wyruszmy w pełną aromatów podróż po „Najważniejsze kultowe przepisy w nowym jorku".

ŚNIADANIE

1. Bajgle z Loxem i serkiem śmietankowym

SKŁADNIKI:
- 4 bajgle w stylu nowojorskim
- 8 uncji wędzonego łososia (lox)
- 1 szklanka serka śmietankowego
- Czerwona cebula, cienko pokrojona
- kapary

INSTRUKCJE:
a) Bagietki przekrawamy na pół i opiekamy.
b) Na każdą połówkę posmaruj dużą ilością serka śmietankowego.
c) Na wierzch połóż wędzonego łososia, plasterki czerwonej cebuli i kapary.
d) Podawaj i ciesz się!

2. Pizza śniadaniowa w stylu nowojorskim

SKŁADNIKI:
- 1 ciasto na pizzę (kupne lub domowe)
- 1 szklanka startego sera mozzarella
- 4 duże jajka
- 4 plasterki boczku, ugotowane i pokrojone
- 1/2 szklanki pomidorków cherry, przekrojonych na połówki
- Posiekany szczypiorek do dekoracji

INSTRUKCJE:
a) Rozgrzej piekarnik do temperatury podanej na opakowaniu ciasta na pizzę lub zgodnie z domowym przepisem.
b) Rozwałkuj ciasto na pizzę na blasze do pieczenia.
c) Ciasto równomiernie posypać serem mozzarella.
d) W serze zrób wgłębienia i do każdego wbij jajko.
e) Na wierzch dodaj bekon i pomidorki koktajlowe.
f) Piec, aż skórka będzie złocista, a jajka ugotowane według własnych upodobań.
g) Udekoruj posiekanym szczypiorkiem i podawaj.

3. Wszystko Bajgiel, szynka i kanapka z serem

SKŁADNIKI:
- 2 wszystko bajgle
- 4 duże jajka
- 4 plastry sera cheddar
- 8 plasterków cienkiej szynki delikatesowej lub boczku
- Sól i pieprz do smaku

INSTRUKCJE:
a) Tostuj wszystkie bajgle.
b) Ugotuj jajka według własnych upodobań (smażone lub jajecznica).
c) Na dolnej połowie każdego bajgla ułóż plasterek sera, szynki lub bekonu i jajka.
d) Przykryj drugą połową bajgla i podawaj.

4. Klasyczne naleśniki w stylu nowojorskim

SKŁADNIKI:
- 1 Mąkę o wszechstronnym przeznaczeniu
- 2 łyżki cukru
- 1 łyżeczka proszku do pieczenia
- 1/2 łyżeczki sody oczyszczonej
- 1/4 łyżeczki soli
- 1 szklanka maślanki
- 1 duże jajko
- 2 łyżki roztopionego, niesolonego masła

INSTRUKCJE:
a) W misce wymieszaj mąkę, cukier, proszek do pieczenia, sodę oczyszczoną i sól.
b) W drugiej misce wymieszaj maślankę, jajko i roztopione masło.
c) Wlać mokre składniki do suchych i wymieszać tylko do połączenia.
d) Rozgrzej patelnię lub patelnię na średnim ogniu i nałóż ciasto na powierzchnię.
e) Smaż, aż na powierzchni pojawią się bąbelki, następnie przewróć i smaż z drugiej strony na złoty kolor.

5. Omlety z krewetkami i krabami

SKŁADNIKI:
- 4 jajka
- 3 łyżki gęstej śmietany
- Koszerna sól i czarny pieprz do smaku
- 1 łyżka oliwy z oliwek
- ¼ szklanki pokrojonych w plasterki grzybów
- ¼ szklanki świeżego szpinaku
- ¼ szklanki gotowanego mięsa krewetek
- ¼ szklanki kawałka mięsa kraba
- ¼ szklanki startego sera Havarti

INSTRUKCJE
a) W małej misce wymieszaj jajka i gęstą śmietanę i ubijaj, aż składniki się dobrze połączą. Doprawić solą i pieprzem, wymieszać. Ustaw na bok.
b) Wlać oliwę z oliwek do dużego rondla ustawionego na średnim ogniu. Gdy olej się rozgrzeje, wrzuć na patelnię grzyby i szpinak i smaż do miękkości. Zdjąć z patelni i odłożyć na bok.
c) Wlać jajka i smażyć 2 minuty. Posyp krewetkami, krabem, serem, grzybami i szpinakiem. Złóż omlet na pół i smaż jeszcze przez 2 minuty, a następnie zdejmij z patelni. Podawaj i ciesz się!

6. Muffinki jagodowe w stylu nowojorskim

SKŁADNIKI:
- 2 filiżanki mąki uniwersalnej
- 1 szklanka granulowanego cukru
- 2 łyżeczki proszku do pieczenia
- 1/2 łyżeczki sody oczyszczonej
- 1/4 łyżeczki soli
- 1/2 szklanki niesolonego masła, roztopionego
- 1 szklanka maślanki
- 2 duże jajka
- 1 łyżeczka ekstraktu waniliowego
- 1 1/2 szklanki świeżych lub mrożonych jagód

INSTRUKCJE:
a) Rozgrzej piekarnik do 190°C i wyłóż formę do muffinów papierowymi papilotkami.
b) W dużej misce wymieszaj mąkę, cukier, proszek do pieczenia, sodę oczyszczoną i sól.
c) W drugiej misce wymieszaj roztopione masło, maślankę, jajka i ekstrakt waniliowy.
d) Wlać mokre składniki do suchych i wymieszać tylko do połączenia.
e) Delikatnie wmieszać jagody.
f) Rozłóż ciasto pomiędzy papilotki na muffiny i piecz przez 18-20 minut lub do momentu, aż włożona wykałaczka będzie sucha.

7. Jajecznica śniadaniowa

SKŁADNIKI:
- 4 jajka, dobrze ubite
- ⅛ łyżeczki soli
- 1 kwarta mleka
- ¼ szklanki) cukru
- 1 łyżeczka wanilii
- Gałka muszkatołowa

INSTRUKCJE:
a) Połącz wszystkie składniki oprócz gałki muszkatołowej.
b) Dobrze wymieszaj.
c) W razie potrzeby ostudź
d) Posypać gałką muszkatołową.

8. Quiche Lorraine

SKŁADNIKI:

- 1 ½ szklanki (6 uncji) startego sera szwajcarskiego
- 8 plasterków bekonu lub szynki, ugotowanych i pokruszonych
- 3 jajka
- 1 szklanka gęstej śmietanki
- ½ szklanki mleka
- ¼ łyżeczki pieprzu
- 1 gotowy mrożony spód ciasta

INSTRUKCJE:

a) Posyp serem i boczkiem/szynką wyłożony ciastem spód ciasta.
b) Pozostałe składniki wymieszać i polać serem i szynką.
c) Piec w temperaturze 375 stopni przez 45 minut.

9. Frittaty z białek w puszce do muffinów

SKŁADNIKI:
- 1 żółta cebula, obrana i posiekana
- 2 łyżeczki oliwy z oliwek
- 1 opakowanie mrożonego, posiekanego szpinaku, rozmrożonego
- Spray oleju kuchennego
- 6 uncji sera feta
- 1 pomidor, posiekany
- Sól i pieprz
- 1 litr białka jaja lub białka z 8 jaj

INSTRUKCJE:
a) Rozgrzej piekarnik do 300°F.
b) Nasmaruj formę na 12 muffinów sprayem kuchennym.
c) Na dużej patelni rozgrzej olej na średnim ogniu.
d) Dodaj cebulę i smaż do miękkości, około 3 minut.
e) Ze szpinaku odcisnąć wodę i dodać do ugotowanej cebuli.
f) Dodać ser feta i pomidory, doprawić solą i pieprzem do smaku.
g) Za pomocą dużej łyżki podziel tę mieszaninę do każdej foremki na muffiny w formie.
h) Ostrożnie wlej białka do każdego z nich, pozostawiając niewielką przestrzeń, około ¼ cala, aby wyrosło.
i) Piec przez 15 do 20 minut lub do czasu, aż frittaty wyrosną i poczują się stwardniałe.
j) Odstaw na 10 minut na kratkę do studzenia, następnie wyjmij z miseczek.

10. Pączki jabłkowe

SKŁADNIKI:
- 2 szklanki mąki
- 1/2 szklanki cukru
- 2 łyżeczki proszku do pieczenia
- 1/2 łyżeczki sody oczyszczonej
- 1 łyżeczka cynamonu
- 1/2 łyżeczki gałki muszkatołowej
- 1/2 łyżeczki soli
- 2 jajka
- 1/2 szklanki cydru jabłkowego
- 1/4 szklanki mleka
- 1/4 szklanki roztopionego masła
- Olej roślinny, do smażenia

INSTRUKCJE:

a) W misce wymieszaj mąkę, cukier, proszek do pieczenia, sodę oczyszczoną, cynamon, gałkę muszkatołową i sól.

b) W osobnej misce wymieszaj jajka, cydr jabłkowy, mleko i roztopione masło.

c) Do suchych składników dodać mokre i wymieszać aż składniki się dobrze połączą.

d) Rozgrzej olej roślinny we frytownicy lub garnku o grubym dnie do 190°C (375°F).

e) Za pomocą foremki do pączków lub foremki do ciastek wycinaj pączki z ciasta.

f) Pączki smażymy na rozgrzanym oleju z obu stron na złoty kolor.

g) Odsączyć na ręcznikach papierowych i podawać ciepłe.

PRZYSTAWKI

11. Miękkie precle z dipem musztardowym

SKŁADNIKI:
- 1 1/2 szklanki ciepłej wody
- 1 łyżka cukru
- 2 łyżeczki soli koszernej
- 1 opakowanie aktywnych drożdży suchych
- 4 1/2 szklanki mąki uniwersalnej
- 4 łyżki roztopionego, niesolonego masła
- Spray do gotowania
- 10 szklanek wody
- 2/3 szklanki sody oczyszczonej
- Gruba sól do posypania

INSTRUKCJE:

a) W misce wymieszaj ciepłą wodę, cukier i sól koszerną. Posyp drożdże wodą i pozostaw na 5 minut lub do momentu, aż zaczną się pienić.

b) W dużej misce wymieszaj mąkę i roztopione masło. Wlać mieszaninę drożdży i wymieszać, aż powstanie ciasto.

c) Zagnieść ciasto na posypanej mąką powierzchni, następnie pokroić na równe części.

d) Rozgrzej piekarnik do 230°C (450°F). Zagotuj 10 szklanek wody, dodaj sodę oczyszczoną.

e) Gotuj każdy precel przez 30 sekund, a następnie połóż go na blasze do pieczenia. Posyp grubą solą.

f) Piec przez 12-15 minut lub do złotego koloru. Podawać z dipem musztardowym.

12. Dip ze szpinaku i karczochów w stylu nowojorskim

SKŁADNIKI:
- 1 opakowanie (10 uncji) mrożonego, posiekanego szpinaku, rozmrożonego i odsączonego
- 1 puszka (14 uncji) serc karczochów, odsączonych i posiekanych
- 1/2 szklanki majonezu
- 1/2 szklanki kwaśnej śmietany
- 1 szklanka startego parmezanu
- 1 szklanka startego sera mozzarella
- 1 łyżeczka mielonego czosnku
- Sól i pieprz do smaku

INSTRUKCJE:
a) Rozgrzej piekarnik do 190°C (375°F).
b) W misce wymieszaj szpinak, serca karczochów, majonez, śmietanę, parmezan, mozzarellę i czosnek.
c) Doprawić solą i pieprzem.
d) Przenieś mieszaninę do naczynia do pieczenia i piecz przez 25-30 minut lub do momentu, aż ciasto będzie musujące i złocistobrązowe.
e) Podawać z chipsami tortilla lub pokrojoną bagietką.

13.Koktajl z krewetek w stylu nowojorskim

SKŁADNIKI:
- 1 funt dużych krewetek, obranych i oczyszczonych
- 1 cytryna, pokrojona w ósemki
- Sos koktajlowy:
- 1 szklanka ketchupu
- 2 łyżki chrzanu
- 1 łyżka sosu Worcestershire
- 1 łyżeczka ostrego sosu (dostosuj do smaku)

INSTRUKCJE:
a) Zagotuj garnek wody. Dodaj krewetki i gotuj, aż będą różowe i nieprzezroczyste, około 3 minuty.
b) Odcedź i przenieś krewetki do łaźni lodowej, aby ostygły.
c) Aby przygotować sos koktajlowy, w misce wymieszaj ketchup, chrzan, sos Worcestershire i ostry sos.
d) Podawaj schłodzone krewetki z cząstkami cytryny i sosem koktajlowym.

14. Roladki z jajek Reuben w stylu nowojorskim

SKŁADNIKI:
- 8 opakowań po bułkach jajecznych
- 1 szklanka peklowanej wołowiny, pokrojonej w cienkie plasterki
- 1 szklanka kiszonej kapusty, odsączonej
- 1 szklanka sera szwajcarskiego, startego
- Sos Tysiąca Wysp do maczania
- Olej roślinny do smażenia

INSTRUKCJE:
a) Rozłóż opakowanie bułki jajecznej i napełnij niewielką ilością peklowanej wołowiny, kiszonej kapusty i sera szwajcarskiego.
b) Zwiń zgodnie z instrukcją na opakowaniu, sklejając brzegi wodą.
c) Rozgrzej olej roślinny na patelni do 180°C i smaż bułeczki jajeczne na złoty kolor.
d) Podawać z dressingiem Tysiąca Wysp do maczania.

15. Skrzydełka z kurczaka Buffalo w stylu nowojorskim

SKŁADNIKI:
- 2 funty skrzydełek z kurczaka, rozdzielonych na złączach, końcówki odrzucone
- 1/2 szklanki niesolonego masła, roztopionego
- 1/2 szklanki ostrego sosu (np. Frank's RedHot)
- 1/4 łyżeczki pieprzu cayenne
- 1/4 łyżeczki czosnku w proszku
- Sos z sera pleśniowego i paluszki selera do podania

INSTRUKCJE:
a) Rozgrzej piekarnik do 200°C i wyłóż blachę do pieczenia papierem pergaminowym.
b) Piec skrzydełka na przygotowanej blasze przez około 45-50 minut, w połowie czasu obracając.
c) W misce wymieszaj roztopione masło, ostry sos, pieprz cayenne i proszek czosnkowy.
d) Wrzuć upieczone skrzydełka do sosu, aż równomiernie się nim pokryje. Podawać z dressingiem z sera pleśniowego i paluszkami selera.

16.Grzyby faszerowane po nowojorsku

SKŁADNIKI:

- 20 dużych białych grzybów, usunąć łodygi i drobno posiekać
- 1/2 szklanki bułki tartej
- 1/2 szklanki startego parmezanu
- 2 ząbki czosnku, posiekane
- 2 łyżki posiekanej świeżej pietruszki
- Sól i pieprz do smaku
- Oliwa z oliwek do skropienia

INSTRUKCJE:

a) Rozgrzej piekarnik do 190°C i wyłóż blachę do pieczenia papierem pergaminowym.
b) W misce wymieszaj posiekane łodygi grzybów, bułkę tartą, parmezan, czosnek, pietruszkę, sól i pieprz.
c) Napełnij każdą czapkę grzyba powstałą mieszanką i połóż na blasze do pieczenia.
d) Skropić nadziewane grzyby oliwą z oliwek i piec przez 20-25 minut lub do złotego koloru.

17.krewetki Toast

SKŁADNIKI:
- 6 angielskich babeczek podpieczonych i podzielonych
- 4½ uncji krewetek z puszki, odsączonych
- 2½ łyżki majonezu
- Czosnek w proszku do smaku
- 1 kostka margaryny
- 1 słoiczek sera KRAFT „staroangielskiego".

INSTRUKCJE:
a) Mieszaj na ogniu i smaruj połówki muffinek.
b) Smażyć na złoty kolor i pokroić na 4 części.
c) Można to zrobić wcześniej i zamrozić.

18. Kukurydziane ciasteczka Johnny'ego

SKŁADNIKI:
- 1 szklanka żółtej mąki kukurydzianej
- 1 szklanka mąki
- 1 łyżka cukru
- 1 łyżeczka proszku do pieczenia
- 1/2 łyżeczki soli
- 2 jajka
- 1 szklanka mleka
- 1/4 szklanki oleju roślinnego
- Masło do smażenia

INSTRUKCJE:
a) W dużej misce wymieszaj mąkę kukurydzianą, mąkę, cukier, proszek do pieczenia i sól.
b) W osobnej misce wymieszaj jajka, mleko i olej roślinny.
c) Wlać mokre składniki do suchych i wymieszać tylko do połączenia.
d) Rozgrzej dużą patelnię na średnim ogniu i dodaj niewielką ilość masła.
e) Za pomocą łyżki lub miarki nakładaj ciasto na patelnię w porcjach po 1/4 szklanki.
f) Smaż, aż krawędzie się zetną, a powierzchnia ciasta zarumieni, następnie odwróć i smaż, aż druga strona będzie lekko rumiana.
g) Powtórz tę czynność z pozostałym ciastem, w razie potrzeby dodając więcej masła, aby zapobiec sklejaniu się.
h) Podawać na gorąco z polewą wiśniową po bourbonie.

19.Cytrynowe paski z kurczaka

SKŁADNIKI:
- 2 funty piersi z kurczaka bez kości

RZADKIE CIASTO:
- ½ szklanki mąki
- ½ szklanki skrobi kukurydzianej
- ¼ łyżeczki soli czosnkowej
- ½ łyżeczki proszku do pieczenia o podwójnym działaniu
- ½ łyżeczki oleju roślinnego

SOS:
- 2 duże cytryny
- 3 łyżki brązowego cukru
- ½ szklanki białego wina
- 1 łyżeczka skrobi kukurydzianej
- 2 łyżeczki wody
- gałązki pietruszki do dekoracji
- olej do głębokiego smażenia

INSTRUKCJE:

a) Rozgrzej olej do 350°F w holenderskim piekarniku lub garnku do głębokiego smażenia.
b) Pokrój pierś kurczaka bez kości w paski o długości około 3 cali i szerokości ½ cala. Umieść je w płytkiej misce, przykryj folią i odłóż na bok.
c) W średniej misce dużą łyżką wymieszaj mąkę, skrobię kukurydzianą, proszek do pieczenia, sól i olej i mieszaj, aż masa będzie gładka.
d) Jedną cytrynę pokroić w plasterki ¼" i odłożyć na bok. Do małej miski wyciśnij sok z drugiej cytryny, dodaj cukier i białe wino, dobrze wymieszaj. Odłożyć na bok.
e) W małej filiżance wymieszaj skrobię kukurydzianą i 2 łyżeczki wody. Mieszaj do całkowitego wymieszania. Odłożyć na bok.
f) Zanurzaj każdy kawałek kurczaka w cieście i pozwól, aby jego nadmiar spłynął z powrotem do miski.
g) Smaż kurczaka w głębokim tłuszczu w małych porcjach po 10–12 sztuk. Paski kurczaka powinny ładnie się zarumienić w ciągu 4–5 minut. Upewnij się, że nie sklejają się ze sobą.
h) Gotowe paski wyjmij z oleju łyżką cedzakową i odsącz na ręcznikach papierowych.
i) Ugotuj sos cytrynowy, wlewając mieszaninę cytryny, cukru i wina do małego rondla i doprowadzając płyn do wrzenia na dużym ogniu. Dodaj mieszaninę skrobi kukurydzianej i wody i mieszaj, aż mieszanina zgęstnieje.
j) Odsączone kawałki kurczaka ułóż na kolorowym talerzu, dodaj do dekoracji plasterki cytryny i posyp natką pietruszki. Podawaj sos cytrynowy z boku.

20.Hoecakes

SKŁADNIKI:
- 1 szklanka żółtej mąki kukurydzianej
- 1/4 łyżeczki soli
- 1/4 łyżeczki sody oczyszczonej
- 1 szklanka wrzącej wody
- Olej roślinny do smażenia

INSTRUKCJE:
a) W średniej misce wymieszaj mąkę kukurydzianą, sól i sodę oczyszczoną.
b) Stopniowo dodawaj wrzącą wodę, ciągle mieszając, aż masa będzie gładka.
c) Podgrzej około 1/4 cala oleju roślinnego na dużej patelni na średnim ogniu.
d) Nakładaj łyżką ciasta na gorący olej i smaż na złoty kolor i chrupkość, około 2-3 minuty z każdej strony.
e) Odsączyć hoecakes na ręcznikach papierowych i podawać na gorąco.

DANIE GŁÓWNE

21.Pizza w stylu nowojorskim

SKŁADNIKI:
- Ciasto na pizzę (kupne lub domowe)
- 1 szklanka sosu do pizzy
- 2 szklanki startego sera mozzarella
- Dodatki do wyboru (pepperoni, pieczarki, papryka itp.)
- Oliwa z oliwek
- Mąka kukurydziana (do posypania)

INSTRUKCJE:
a) Rozgrzej piekarnik do najwyższej temperatury (zwykle około 475°F lub 245°C).
b) Rozwałkuj ciasto na pizzę na posypanej mąką powierzchni, a następnie przenieś je na kamień do pizzy lub blachę do pieczenia posypaną mąką kukurydzianą.
c) Na cieście równomiernie rozsmaruj sos do pizzy, pozostawiając brzeg na skórce.
d) Posyp sos startym serem mozzarella i dodaj ulubione dodatki.
e) Skropić wierzch odrobiną oliwy z oliwek i piec w nagrzanym piekarniku przez 12-15 minut lub do momentu, aż skórka będzie złocista, a ser będzie musujący.

22.Kurczak i ryż po nowojorsku

SKŁADNIKI:

- 4 piersi z kurczaka bez kości i skóry
- 2 szklanki białego ryżu, ugotowanego
- 1 szklanka bulionu z kurczaka
- 1 szklanka mrożonego groszku
- 1/2 szklanki marchewki, pokrojonej w kostkę
- 1/4 szklanki cebuli, drobno posiekanej
- 2 ząbki czosnku, posiekane
- 2 łyżki oliwy z oliwek
- Sól i pieprz do smaku

INSTRUKCJE:

a) Piersi z kurczaka doprawiamy solą i pieprzem.
b) Na dużej patelni rozgrzej oliwę z oliwek na średnim ogniu. Dodaj kurczaka i smaż, aż z obu stron się zrumieni i będzie ugotowany.
c) Zdejmij kurczaka z patelni i odłóż na bok.
d) Na tej samej patelni podsmaż cebulę, czosnek i marchewkę, aż zmiękną.
e) Dodaj bulion z kurczaka i groszek, gotuj, aż groszek się rozgrzeje.
f) Ugotowanego kurczaka pokrój w plasterki i podawaj na ugotowanym ryżu z mieszanką warzyw.

23. Kanapka z pastrami z wołowiną w stylu nowojorskim

SKŁADNIKI:
- Krojony chleb żytni
- Cienkie plasterki pastrami wołowego
- Ser szwajcarski, pokrojony w plasterki
- Kapusta kiszona, odsączona
- Sos tysiąca wysp
- Masło

INSTRUKCJE:
a) Posmaruj masłem jedną stronę każdej kromki chleba żytniego.
b) Po stronie niesmarowanej ułóż pastrami, ser szwajcarski i kapustę kiszoną.
c) Drugą kromkę chleba posmaruj sosem Tysiąca Wysp i połóż dressingiem do dołu na kiszonej kapuście.
d) Grilluj kanapkę na patelni na średnim ogniu, aż chleb będzie złotobrązowy, a ser się roztopi.

24. Stek Strip w stylu nowojorskim

SKŁADNIKI:

- 4 steki z pasków (o grubości około 1 cala)
- Sól i czarny pieprz do smaku
- Oliwa z oliwek
- 4 łyżki niesolonego masła
- 4 ząbki czosnku, posiekane
- Świeże gałązki tymianku

INSTRUKCJE:

a) Rozgrzej piekarnik do 200°C (400°F).
b) Dopraw steki solą i pieprzem.
c) Na patelni żaroodpornej na dużym ogniu rozgrzej oliwę z oliwek. Smaż steki z obu stron, aż się zarumienią.
d) Na patelnię dodaj masło, posiekany czosnek i tymianek. Smażyć steki roztopionym masłem.
e) Przenieś patelnię do nagrzanego piekarnika i piecz przez 5-7 minut w przypadku średnio wysmażonego mięsa lub dłużej, aby uzyskać pożądany stopień wysmażenia.
f) Przed podaniem steki odstaw na kilka minut.

25. Podstawowy smażony kurczak

SKŁADNIKI:

- ⅓ szklanki mąki
- 1 łyżeczka soli lub do smaku
- ¼ łyżeczki mielonego pieprzu lub do smaku
- 1 kurczak pokrojony na kawałki
- ½ szklanki tłuszczu warzywnego

INSTRUKCJE:

a) W dużej plastikowej torbie połącz mąkę z solą i pieprzem. Wstrząsnąć kurczakiem w torebce z mieszanką. Na dużej, głębokiej patelni na średnim ogniu rozpuść tłuszcz.

b) Gotuj kurczaka bez przykrycia, podgrzewaj przez 20 do 30 minut z każdej strony lub do momentu, aż będzie ugotowany.

26. Grillowane ostrygi z masłem czosnkowym i parmezanem

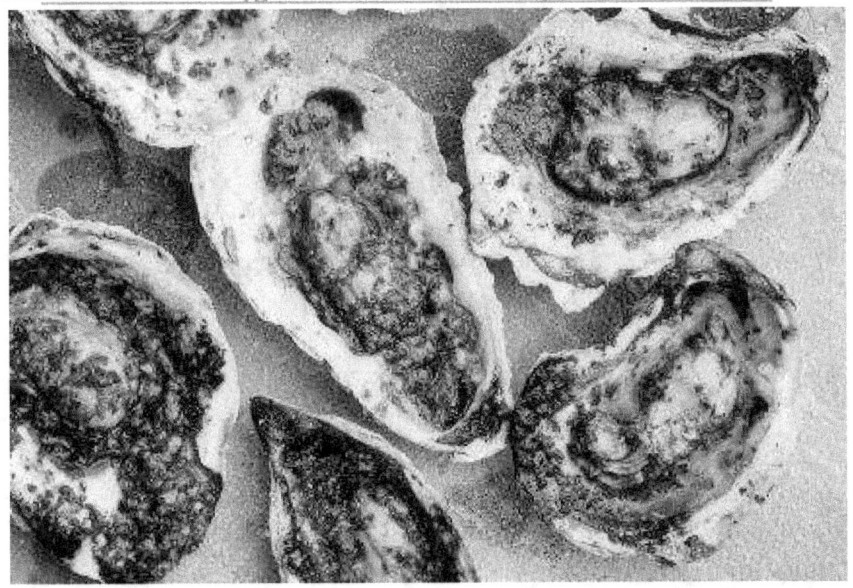

SKŁADNIKI:
- 24 ostrygi, bez łusek, z zarezerwowaną połową muszli
- 1/2 szklanki niesolonego masła, zmiękczonego
- 2 ząbki czosnku, posiekane
- 1/2 szklanki startego parmezanu
- 1/4 szklanki posiekanej świeżej pietruszki
- Sól i pieprz do smaku
- Kawałki cytryny do podania

INSTRUKCJE:
a) Rozgrzej grill do wysokiej temperatury.
b) W małej misce wymieszaj masło, czosnek, parmezan, natkę pietruszki, sól i pieprz, aż dobrze się połączą.
c) Połóż połówki ostryg na grillu.
d) Do każdej skorupki włóż niewielką ilość masła czosnkowego z parmezanem.
e) Połóż ostrygę na maśle w każdej skorupce.
f) Na wierzch każdej ostrygi nałóż więcej masła czosnkowego z parmezanem.
g) Grilluj ostrygi przez około 5 minut lub do momentu, aż masło się roztopi, a ostrygi będą ugotowane.
h) Podawać na gorąco z cząstkami cytryny.

27. Grillowana fasolka szparagowa z pomarańczą i sezamem:

SKŁADNIKI:
- 1 funt świeżej zielonej fasolki, przyciętej
- 1 łyżka oleju roślinnego
- 1 łyżeczka oleju sezamowego
- 2 łyżki soku pomarańczowego
- 1 łyżeczka startej skórki pomarańczowej
- 1 łyżka prażonych nasion sezamu
- Sól i pieprz do smaku

INSTRUKCJE:
a) Rozgrzej grill do wysokiej temperatury.
b) W dużej misce wymieszaj olej roślinny, olej sezamowy, sok pomarańczowy, skórkę pomarańczową, sól i pieprz.
c) Dodaj zieloną fasolkę do miski i wymieszaj.
d) Połóż fasolkę szparagową na grillu i gotuj przez około 5-7 minut lub do momentu, aż będzie miękka i lekko zwęglona.
e) Zdejmij fasolkę szparagową z grilla i przełóż ją na półmisek.
f) Posyp prażonymi nasionami sezamu wierzch zielonej fasolki.
g) Podawać na gorąco.

28.Smażony kurczak

SKŁADNIKI:

- 2-3 kg kawałków kurczaka
- 1 Mąkę o wszechstronnym przeznaczeniu
- 1 łyżeczka papryki
- 1 łyżeczka czosnku w proszku
- 1 łyżeczka soli
- 1/2 łyżeczki czarnego pieprzu
- Olej roślinny do smażenia

INSTRUKCJE:

a) W dużej misce wymieszaj mąkę, paprykę, czosnek w proszku, sól i czarny pieprz.
b) Obtocz kawałki kurczaka w mieszance mąki, strzepując jej nadmiar.
c) Na dużej patelni podgrzej około 1/2 cala oleju roślinnego na średnim ogniu, aż będzie gorący, ale nie dymiący.
d) Smażyć kawałki kurczaka partiami, aż uzyskają złoty kolor i będą ugotowane, około 10-12 minut z każdej strony.
e) Odsącz kurczaka na ręcznikach papierowych i podawaj na gorąco.

29. Pieczeń Wołowa Z Sosem Pieczarkowym

SKŁADNIKI:

- 1 3-4 funty pieczeni wołowej
- Sól i czarny pieprz do smaku
- 2 łyżki oleju roślinnego
- 2 cebule, posiekane
- 2 ząbki czosnku, posiekane
- 8 uncji grzybów, pokrojonych w plasterki
- 2 szklanki bulionu wołowego
- 1/4 szklanki mąki uniwersalnej

INSTRUKCJE:

a) Rozgrzej piekarnik do 350°F.
b) Pieczeń wołową doprawić do smaku solą i czarnym pieprzem.
c) Na dużej patelni żaroodpornej rozgrzej olej roślinny na średnim ogniu.
d) Obsmaż pieczeń wołową ze wszystkich stron, aż się zrumieni, około 5-6 minut na stronę.
e) Przenieś patelnię do piekarnika i piecz wołowinę przez około 1-2 godziny lub do momentu, aż będzie gotowa do pożądanego stopnia.
f) Wyjmij patelnię z piekarnika i przenieś wołowinę na deskę do krojenia. Namiot przykryj folią i odstaw na 10-15 minut przed pokrojeniem.
g) 7. Kiedy wołowina odpoczywa, przygotuj sos grzybowy. Na tej samej patelni, na której smażono wołowinę, podsmaż cebulę, czosnek i grzyby na średnim ogniu, aż będą miękkie i rumiane, około 5-7 minut.
h) Warzywa posypać mąką i wymieszać. Gotuj przez 1-2 minuty, ciągle mieszając.
i) Stopniowo dodawaj bulion wołowy, ciągle mieszając, aż mieszanina będzie gładka.
j) Doprowadź sos do wrzenia i gotuj przez 5-10 minut, od czasu do czasu mieszając, aż zgęstnieje i lekko zredukuje.
k) Sos doprawić do smaku solą i czarnym pieprzem.
l) Podawaj pokrojoną w plasterki wołowinę z sosem grzybowym.

30.Duszona Wołowina I Ziemniaki

SKŁADNIKI:

- 2 funty gulaszu wołowego, pokrojonego na kawałki wielkości kęsa
- Sól i czarny pieprz do smaku
- 2 łyżki oleju roślinnego
- 2 cebule, posiekane
- 2 ząbki czosnku, posiekane
- 2 szklanki bulionu wołowego
- 4-6 ziemniaków obranych i pokrojonych na kawałki wielkości kęsa

INSTRUKCJE:

a) Mięso gulaszu wołowego doprawić do smaku solą i czarnym pieprzem.
b) W dużym holenderskim piekarniku lub garnku rozgrzej olej roślinny na średnim ogniu.
c) Smaż gulasz wołowy ze wszystkich stron, aż się zrumieni, około 5-6 minut z każdej strony.
d) Dodaj cebulę i czosnek do garnka i smaż, aż będą miękkie i rumiane, około 5-7 minut.
e) Do garnka wlać bulion wołowy i doprowadzić do wrzenia.
f) Zmniejsz ogień do małego i przykryj garnek. Gotuj na wolnym ogniu przez 1-2 godziny lub do momentu, aż wołowina będzie miękka i ugotowana.
g) Dodaj ziemniaki do garnka i gotuj na wolnym ogniu przez kolejne 30-45 minut lub do momentu, aż ziemniaki będą ugotowane i miękkie.
h) Gulasz doprawić do smaku solą i czarnym pieprzem.
i) Podawać na gorąco z chrupiącym pieczywem lub ciasteczkami.

31. Kremowy szpinak

SKŁADNIKI:
- 2 funty świeżego szpinaku, umytego i posiekanego
- 2 łyżki niesolonego masła
- 2 łyżki mąki uniwersalnej
- 1 szklanka mleka
- 1/2 łyżeczki soli
- 1/4 łyżeczki czarnego pieprzu
- 1/4 łyżeczki mielonej gałki muszkatołowej

INSTRUKCJE:
a) W dużym garnku lub piekarniku holenderskim blanszuj szpinak we wrzącej wodzie przez 2-3 minuty.
b) Odcedź szpinak i opłucz go pod zimną wodą, aby zatrzymać proces gotowania. Wyciśnij nadmiar wody.
c) W tym samym garnku rozpuść masło na średnim ogniu.
d) Dodaj mąkę i wymieszaj, aż masa będzie gładka. Gotuj przez 1-2 minuty, ciągle mieszając.
e) . Stopniowo dodawaj mleko, cały czas mieszając, aż masa będzie gładka.
f) 6. Dodaj sól, czarny pieprz i gałkę muszkatołową i wymieszaj, aby połączyć.
g) Do garnka dodać blanszowany szpinak i wymieszać, żeby pokrył się sosem śmietanowym.
h) Gotuj szpinak na średnim ogniu przez 5-7 minut lub do momentu, aż sos zgęstnieje, a szpinak się podgrzeje.
i) Podawać na gorąco jako przystawkę.

32.smażone ostrygi

SKŁADNIKI:

- 1 litr ostryg wyłuskanych, odsączonych
- 1/2 szklanki mąki uniwersalnej
- 1/2 łyżeczki soli
- 1/4 łyżeczki czarnego pieprzu
- 1/4 łyżeczki pieprzu cayenne
- 2 jajka, ubite
- 1 szklanka bułki tartej
- Olej roślinny, do smażenia

INSTRUKCJE:

a) W płytkim naczyniu wymieszaj mąkę, sól, czarny pieprz i pieprz cayenne.
b) W innym płytkim naczyniu ubij jajka.
c) W trzecim płytkim naczyniu połóż bułkę tartą.
d) Każdą ostrygę zanurzaj najpierw w mieszance mąki, następnie w roztrzepanych jajkach, a na koniec w bułce tartej, strzepując nadmiar.
e) Rozgrzej olej roślinny na dużej patelni na średnim ogniu.
f) Smażyć ostrygi partiami, około 2-3 minuty z każdej strony lub do momentu, aż będą złocistobrązowe i chrupiące.
g) Usmażone ostrygi odsączamy na talerzu wyłożonym ręcznikiem papierowym.
h) Podawać na gorąco z cząstkami cytryny i sosem tatarskim.

33. Jabłkowy Pan Dowdy

SKŁADNIKI:

- 6 szklanek pokrojonych jabłek
- 1/2 szklanki brązowego cukru
- 1/2 łyżeczki mielonego cynamonu
- 1/2 łyżeczki mielonej gałki muszkatołowej
- 1/2 łyżeczki soli
- 1/2 szklanki niesolonego masła, roztopionego
- 1 Mąkę o wszechstronnym przeznaczeniu
- 2 łyżeczki proszku do pieczenia
- 1/4 łyżeczki sody oczyszczonej
- 1/2 szklanki mleka

INSTRUKCJE:

a) Rozgrzej piekarnik do 375°F.
b) W dużej misce wymieszaj pokrojone jabłka, brązowy cukier, cynamon, gałkę muszkatołową i sól.
c) Wlać roztopione masło do 9-calowego kwadratowego naczynia do pieczenia.
d) Na masło wylać masę jabłkową.
e) W drugiej misce wymieszaj mąkę, proszek do pieczenia i sodę oczyszczoną.
f) Mieszaj mleko, aż dobrze się połączy.
g) Łyżką wyłóż ciasto na masę jabłkową, równomiernie je rozprowadzając.
h) Piec przez 45-50 minut lub do momentu, aż wierzch będzie złotobrązowy, a jabłka miękkie.
i) Podawać na ciepło z lodami waniliowymi.

34.smażone ostrygi

SKŁADNIKI:
- 1 litr świeżych ostryg
- 1 szklanka mąki
- 1/2 łyżeczki soli
- 1/4 łyżeczki czarnego pieprzu
- 2 jajka, ubite
- 1/4 szklanki mleka
- Olej do smażenia

INSTRUKCJE:
a) Ostrygi opłucz i osusz papierowym ręcznikiem.
b) W misce wymieszaj mąkę, sól i pieprz.
c) W drugiej misce wymieszaj jajka z mlekiem.
d) Zanurz ostrygi w mieszance mąki, następnie w mieszance jajek i ponownie w mieszance mąki.
e) Rozgrzej olej na głębokiej patelni na średnim ogniu.
f) Smażyć ostrygi na rozgrzanym oleju z obu stron na złoty kolor.
g) Odsączyć na ręcznikach papierowych i podawać gorące.

35. Stek z flanki

SKŁADNIKI:

- 1 stek z flanki, 1 ½ do 2 funtów
- ½ szklanki sosu sojowego
- ½ szklanki oleju
- ¼ szklanki wytrawnego sherry
- 2 średnie ząbki czosnku, rozgniecione lub posiekane
- 2 łyżki startego świeżego imbiru lub 2 łyżeczki mielonego imbiru
- 1 łyżka startej skórki pomarańczowej

INSTRUKCJE:

a) Marynowany stek w sosie sojowym, oliwie, wytrawnym sherry, ząbkach czosnku, imbirze i startej skórce pomarańczowej.

b) Podpiekaj 1½ lub 2 cale od ognia przez 3-4 minuty.

c) Obróć, posmaruj marynatą i piecz przez 3-4 minuty dłużej.

d) Kroimy w poprzeczne plasterki.

36.Soczysty stek

SKŁADNIKI:
- stek
- 2 ząbki czosnku
- 1 łyżka oliwy z oliwek
- 1 ½ łyżeczki sosu sojowego
- ½ łyżeczki musztardy
- Sól
- Pieprz

INSTRUKCJE:
a) Zmiksuj składniki i wbij w stek.
b) Pozostaw stek w sosie na około 2 godziny.
c) Zagotuj lub ugotuj na kuchence.
d) Można stosować na jelenie.

37.Krewetki Sherry

SKŁADNIKI:

- ½ kostki masła
- 5 ząbków czosnku, zmiażdżonych
- 1-1½ funta krewetek; łuskane i oczyszczone
- ¼ szklanki świeżego soku z cytryny
- ¼ łyżeczki pieprzu
- 1 szklanka sherry do gotowania
- 2 łyżki posiekanej natki pietruszki
- 2 łyżki posiekanego szczypiorku
- Sól dla smaku

INSTRUKCJE:

a) Rozpuść masło na patelni na średnim ogniu. Dodać czosnek, krewetki, sok z cytryny i pieprz.
b) Gotuj, mieszając, aż krewetki zmienią kolor na różowy (około minut).
c) Dodaj gotowaną sherry, pietruszkę i szczypiorek. Doprowadzić tylko do wrzenia.
d) Podawać natychmiast z ugotowanym ryżem.
e) Udekoruj cytryną.

38. Duszone mięso wołowe

SKŁADNIKI:

- 3 funty pieczeni karkówki wołowej
- 1 cebula, posiekana
- 4 ząbki czosnku, posiekane
- 1 szklanka bulionu wołowego
- 1 szklanka czerwonego wina
- 2 łyżki koncentratu pomidorowego
- 2 łyżki musztardy Dijon
- 1 łyżka sosu Worcestershire
- 1 łyżka posiekanego świeżego rozmarynu
- 1 łyżka posiekanego świeżego tymianku
- Sól i pieprz
- 2 łyżki oliwy z oliwek

INSTRUKCJE:

a) Rozgrzej piekarnik do 175°C (350°F).
b) Rozgrzej oliwę z oliwek w dużym holenderskim piekarniku lub naczyniu żaroodpornym na średnim ogniu.
c) Dopraw wołowinę solą i pieprzem, następnie dodaj do garnka i smaż ze wszystkich stron, aż się zrumieni, około 5-7 minut z każdej strony.
d) Wyjmij wołowinę z garnka i odłóż na talerz.
e) Dodaj cebulę i czosnek do garnka i smaż, aż zmiękną, około 3-5 minut.
f) Do garnka dodać bulion wołowy, czerwone wino, koncentrat pomidorowy, musztardę Dijon, sos Worcestershire, rozmaryn i tymianek, wymieszać.
g) Wołowinę włóż z powrotem do garnka, przykryj pokrywką i włóż do nagrzanego piekarnika.
h) Piec przez 2-3 godziny lub do momentu, aż wołowina będzie miękka.
i) Wyjmij wołowinę z garnka i odstaw ją na 10-15 minut przed pokrojeniem.
j) Podawaj pokrojoną w plasterki wołowinę zalaną łyżką płynem z duszenia na wierzchu. Cieszyć się!

39. Homar Newburg

SKŁADNIKI:

- 1 funt mięsa homara, ugotowanego i posiekanego
- 4 łyżki niesolonego masła
- 4 łyżki mąki uniwersalnej
- 1 szklanka mleka
- 1/2 szklanki gęstej śmietanki
- 1/4 szklanki wytrawnego sherry
- 1/2 łyżeczki soli
- 1/4 łyżeczki pieprzu cayenne
- 4 żółtka, ubite
- 1/4 szklanki posiekanej natki pietruszki

INSTRUKCJE:

a) Rozpuść masło w dużym rondlu na średnim ogniu.
b) Wsyp mąkę i smaż przez 1-2 minuty, ciągle mieszając.
c) Stopniowo dodawaj mleko i gęstą śmietanę, ciągle mieszając, aż masa będzie gładka.
d) Dodaj sherry, sól i pieprz cayenne i wymieszaj, aby połączyć.
e) Stopniowo dodawaj ubite żółtka, cały czas mieszając.
f) Gotuj mieszaninę na małym ogniu przez 3-4 minuty lub do momentu, aż zgęstnieje.
g) Wymieszaj posiekanego homara i pietruszkę.
h) Podawać gorące na tostach.

40. Parmezan z bakłażana w stylu nowojorskim

SKŁADNIKI:

- 2 duże bakłażany, pokrojone w krążki o średnicy 1/2 cala
- Sól
- 2 szklanki bułki tartej
- 1 szklanka startego parmezanu
- 4 szklanki sosu marinara
- 2 szklanki startego sera mozzarella
- Świeża bazylia do dekoracji

INSTRUKCJE:

a) Posyp plastry bakłażana solą i odstaw na 30 minut, aby uwolnić nadmiar wilgoci. Wytrzyj je do sucha.
b) Rozgrzej piekarnik do 190°C (375°F).
c) W misce wymieszaj bułkę tartą i parmezan. Obtocz każdy plasterek bakłażana w mieszance.
d) Ułóż powlekane plastry na blasze do pieczenia i piecz przez 20 minut lub do złotego koloru.
e) W naczyniu do pieczenia ułóż warstwami sos marinara, pieczone plastry bakłażana i mozzarellę. Powtarzaj, aż wszystkie składniki zostaną wykorzystane.
f) Piec przez dodatkowe 25-30 minut lub do momentu, aż ciasto będzie bulgoczące i złociste.
g) Przed podaniem udekoruj świeżą bazylią.

41. Pieczona wołowina z budyniem Yorkshire

SKŁADNIKI:

- Pieczeń z żeberka wołowego o wadze 4 funtów
- 2 łyżki oleju roślinnego
- Sól i pieprz do smaku
- 1 Mąkę o wszechstronnym przeznaczeniu
- 1 łyżeczka soli
- 1 łyżeczka suszonego tymianku
- 1/2 łyżeczki czarnego pieprzu
- 4 jajka, ubite
- 1 1/2 szklanki mleka
- 1/2 szklanki sosu wołowego lub niesolonego masła

INSTRUKCJE:
a) Rozgrzej piekarnik do 450°F.
b) Natrzeć pieczeń wołową olejem roślinnym i doprawić solą i pieprzem.
c) Piecz wołowinę przez 15 minut, następnie zmniejsz temperaturę piekarnika do 150°F i kontynuuj pieczenie przez 1 1/2 do 2 godzin lub do momentu, gdy temperatura wewnętrzna osiągnie 50°F w przypadku średnio wysmażonego mięsa.
d) Podczas gdy wołowina się piecze, przygotuj ciasto na budyń Yorkshire.
e) W dużej misce wymieszaj mąkę, sól, tymianek i czarny pieprz.
f) W drugiej misce wymieszaj jajka z mlekiem.
g) Stopniowo dodawaj masę jajeczną do mąki, mieszając, aż powstanie gładkie ciasto.
h) Odstaw ciasto na 30 minut.
i) Do naczynia do pieczenia o wymiarach 9 x 13 cali wlać sos wołowy lub roztopione masło i wstawić do piekarnika, aby się rozgrzał.
j) 10. Po upieczeniu wołowinę wyjmij z piekarnika i odstaw na 10-15 minut przed pokrojeniem.
k) Zwiększ temperaturę piekarnika do 450°F.
l) Przygotowane ciasto wlać do gorącego naczynia do zapiekania, posmarowanego skwarkami wołowymi lub roztopionym masłem.
m) Włóż naczynie z powrotem do piekarnika i piecz przez 20-25 minut lub do momentu, aż budyń będzie puszysty i złocistobrązowy.
n) Podawaj razem pieczoną wołowinę i budyń Yorkshire.

42. Kremowe Cheesy Grits

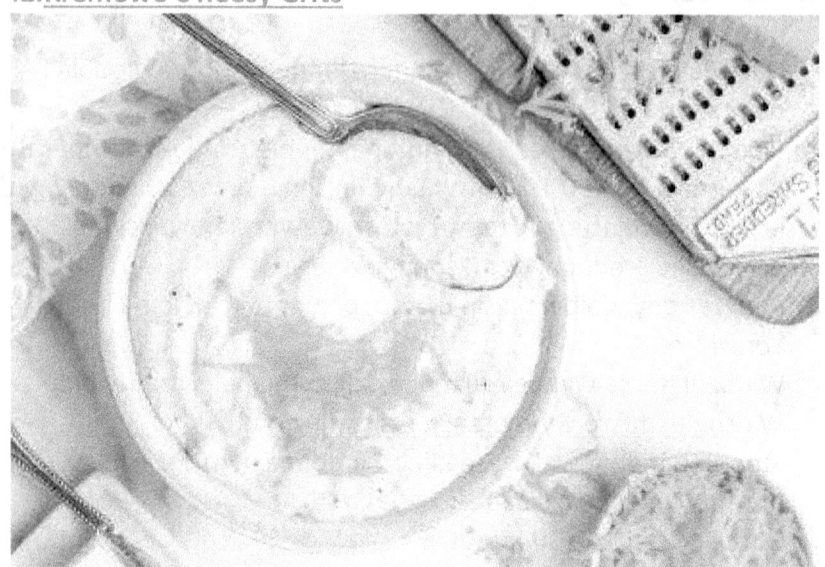

SKŁADNIKI:

- 3 szklanki wody
- ½ szklanki gęstej śmietanki
- 1 szklanka szybkiej kaszy
- 4 łyżki solonego masła
- 1 łyżeczka soli koszernej
- ½ łyżeczki mielonego czarnego pieprzu
- ½ szklanki startego kremowego sera Havarti
- ½ szklanki posiekanego ostrego sera Cheddar

INSTRUKCJE

a) W średnim rondlu ustawionym na dużym ogniu wlej wodę i gęstą śmietanę. Gdy całość się zagotuje, wsypujemy kaszę i mieszamy. Zmniejsz ogień do średniego i gotuj przez 30 do 35 minut, mieszając od czasu do czasu, aby zapobiec grudkom.

b) Dodać masło, posypać solą, pieprzem i serem. Mieszaj, aż wszystko będzie ładne, kremowe i dobrze połączone. Wyłącz ogień i podawaj z ulubionymi daniami śniadaniowymi.

43. Frykas z Kurczakiem

SKŁADNIKI:
- 1 cały kurczak, pokrojony na kawałki
- 1/2 szklanki mąki
- Sól i pieprz do smaku
- 4 łyżki masła
- 1 cebula, posiekana
- 1 marchewka, posiekana
- 1 łodyga selera, posiekana
- 2 szklanki bulionu z kurczaka
- 1/2 szklanki białego wina
- 1/2 szklanki gęstej śmietanki
- 2 żółtka, ubite

INSTRUKCJE:
a) Kawałki kurczaka dopraw solą i pieprzem i obtocz w mące.
b) Rozpuść masło na dużej patelni na średnim ogniu i obsmaż kawałki kurczaka z obu stron.
c) Zdejmij kurczaka z patelni i odłóż na bok.
d) Na patelnię dodaj posiekaną cebulę, marchewkę i seler i smaż, aż warzywa będą miękkie.
e) Dodaj bulion z kurczaka i białe wino na patelnię i zagotuj.
f) Zmniejsz ogień do małego i włóż kawałki kurczaka z powrotem na patelnię.
g) Przykryj i gotuj na wolnym ogniu przez 30–40 minut lub do momentu, aż kurczak będzie ugotowany.
h) W małej misce wymieszaj gęstą śmietanę i żółtka.
i) Powoli wlewaj śmietankę na patelnię, ciągle mieszając.
j) Podgrzewaj fricassee jeszcze kilka minut, aż sos zgęstnieje.
k) Podawać na gorąco z ryżem lub puree ziemniaczanym.

44. Kremowy szpinak

SKŁADNIKI:

- 2 funty świeżego szpinaku, umytego i przyciętego
- 4 łyżki masła
- 1/4 szklanki mąki
- 2 szklanki mleka
- 1/4 łyżeczki mielonej gałki muszkatołowej
- Sól i pieprz do smaku

INSTRUKCJE:

a) Rozgrzej piekarnik do 350°F.
b) Zagotuj w dużym garnku osoloną wodę.
c) Dodaj szpinak do garnka i blanszuj przez 1-2 minuty lub do momentu, aż szpinak zwiędnie.
d) Odcedzić szpinak i przepłukać zimną wodą.
e) Ze szpinaku odcisnąć nadmiar wody i drobno go posiekać.
f) Rozpuść masło w dużym rondlu na średnim ogniu.
g) Wsyp mąkę i smaż przez 2-3 minuty, ciągle mieszając.
h) Powoli wlewaj mleko, cały czas mieszając, aby nie powstały grudki.
i) Doprowadź mieszaninę do wrzenia i gotuj przez 5-7 minut lub do momentu, aż sos zgęstnieje.
j) Wymieszaj posiekany szpinak i gałkę muszkatołową, dopraw solą i pieprzem do smaku.
k) Przenieś mieszaninę szpinaku do naczynia do pieczenia i piecz przez 15-20 minut lub do momentu, aż wierzch będzie złotobrązowy i chrupiący.

45. Alfredo z kurczakiem i brokułami

SKŁADNIKI:
- 1 funt makaronu fettuccine
- 2 łyżki oliwy z oliwek
- 4 piersi z kurczaka bez kości i skóry, pokrojone w plasterki
- Sól i pieprz do smaku
- 4 szklanki różyczek brokułów
- 3 ząbki czosnku, posiekane
- 2 szklanki gęstej śmietanki
- 1 szklanka startego parmezanu

INSTRUKCJE:
a) Ugotuj fettuccine zgodnie z instrukcją na opakowaniu. Odcedź i odłóż na bok.
b) Na dużej patelni rozgrzej oliwę z oliwek na średnim ogniu. Dopraw kurczaka solą i pieprzem i smaż, aż się zrumieni i będzie ugotowany. Zdjąć z patelni.
c) Na tej samej patelni dodaj brokuły i czosnek. Smaż, aż brokuły będą miękkie.
d) Wlać gęstą śmietanę i doprowadzić do wrzenia. Mieszaj, dodając parmezan, aż się rozpuści i będzie gładki.
e) Dodaj ugotowanego kurczaka i fettuccine na patelnię, obtocz je w sosie. Podawać na gorąco.

46. Kugel ziemniaczany

SKŁADNIKI:
- 6 średnich ziemniaków
- 2 jajka
- ½ szklanki mąki
- ½ łyżeczki proszku do pieczenia
- 1 ½ łyżeczki soli
- ½ łyżeczki pieprzu
- ¼ szklanki tłuszczu
- 2 średnie cebule

INSTRUKCJE:
a) Obierz i zetrzyj ziemniaki.
b) Dodaj jajka i ubijaj, aż masa będzie gładka.
c) Przesiać mąkę, sól, proszek do pieczenia i pieprz. Dodaj do masy ziemniaczanej.
d) Cebulę zetrzeć na tarce i podsmażyć na jasnozłoty kolor,
e) Dodaj do ciasta i piecz w natłuszczonym naczyniu w piekarniku o temperaturze 350 °F przez około 1 godzinę lub do momentu, aż będą chrupiące i brązowe.

47. Ziemniaki Razorback

SKŁADNIKI:
- 6 do 8 dużych owalnych ziemniaków
- 1 łyżeczka soli
- pieprz do smaku
- ½ szklanki masła
- ½ szklanki startego parmezanu
- ⅓ szklanki suszonej bułki tartej

INSTRUKCJE:

a) Rozgrzej piekarnik do 450 stopni F. Ziemniaki należy obrać do jednakowej wielkości.

b) Pokrój każdy stos ziemniaków na jednym końcu w plastry o grubości ¼ cala, wierzchnią warstwą ¼ cala od dołu, tak aby plasterek pozostał wykluty.

c) Ziemniaki przekrojonymi brzegami w górę włóż do dobrze natłuszczonej, płytkiej formy do pieczenia.

d) Posypać solą i pieprzem, posypać kawałkami masła. Piec w piekarniku przez 20 minut.

e) Od czasu do czasu posmaruj patelnię masłem. Wymieszaj ser i bułkę tartą; posypać obficie pomiędzy ziemniakami. Pokrój każdy z wierzchu.

f) Piec przez kolejne 25 do 30 minut, od czasu do czasu podlewając, aż ciasto będzie złocistobrązowe i miękkie.

48. Gulasz wołowy

SKŁADNIKI:

- 2 funty gulaszu wołowego
- 2 łyżki mąki uniwersalnej
- 2 łyżki oleju roślinnego
- 1 cebula, posiekana
- 3 ząbki czosnku, posiekane
- 4 szklanki bulionu wołowego
- 2 marchewki, posiekane
- 2 ziemniaki, obrane i posiekane
- 1/2 łyżeczki suszonego tymianku
- 1/2 łyżeczki suszonego rozmarynu
- Sól i pieprz do smaku

INSTRUKCJE:

a) Wymieszaj gulasz wołowy z mąką, aż mięso będzie dobrze pokryte.
b) Rozgrzej olej roślinny w dużym garnku lub holenderskim piekarniku na średnim ogniu.
c) Do garnka włóż wołowinę i smaż, aż będzie rumiana ze wszystkich stron.
d) Dodaj posiekaną cebulę i posiekany czosnek do garnka i smaż, aż cebula będzie przezroczysta.
e) Wlać bulion wołowy i wymieszać do połączenia.
f) Do garnka dodać posiekaną marchewkę, ziemniaki, tymianek i rozmaryn i wymieszać.
g) Gulasz doprawić do smaku solą i pieprzem.
h) Zmniejsz ogień do małego i gotuj gulasz przez około 2 godziny lub do momentu, aż mięso będzie miękkie.

49. Ciasto z befsztykiem

SKŁADNIKI:

- 1 1/2 funta polędwicy wołowej, pokrojonej na małe kawałki
- 1/4 szklanki mąki
- 1 łyżeczka soli
- 1/2 łyżeczki czarnego pieprzu
- 3 łyżki masła
- 1 szklanka bulionu wołowego
- 1 szklanka pokrojonych w plasterki grzybów
- 1/2 szklanki posiekanej cebuli
- 1/2 szklanki posiekanego selera
- 1/2 szklanki posiekanej marchewki
- 2 łyżki posiekanej świeżej natki pietruszki
- 1/2 łyżeczki suszonego tymianku
- 1/4 łyżeczki suszonego rozmarynu
- 1 arkusz ciasta francuskiego
- 1 jajko, ubite

INSTRUKCJE:

a) Rozgrzej piekarnik do 400°F.
b) W dużej misce wymieszaj mąkę, sól i czarny pieprz. Dodaj kawałki wołowiny i mieszaj, aż pokryją się mąką.
c) Rozpuść masło na dużej patelni na średnim ogniu. Dodaj wołowinę i smaż, aż zrumieni się ze wszystkich stron.
d) Na patelnię dodaj bulion wołowy, pieczarki, cebulę, seler, marchewkę, natkę pietruszki, tymianek i rozmaryn. Doprowadź do wrzenia, następnie zmniejsz ogień i gotuj na wolnym ogniu przez 10-15 minut, aż warzywa będą miękkie, a sos zgęstnieje.
e) Rozwałkuj ciasto francuskie na lekko posypanej mąką powierzchni i wyłóż nim foremkę na ciasto o średnicy 9 cali. Napełnij ciasto mieszanką wołową.
f) Brzegi ciasta posmaruj roztrzepanym jajkiem. Przykryj wierzch ciasta pozostałym ciastem, zaciskając krawędzie, aby je uszczelnić.
g) Posmaruj wierzch ciasta pozostałym ubitym jajkiem.
h) Piec w nagrzanym piekarniku przez 30-35 minut, aż ciasto będzie złotobrązowe.

50.Fasola Pinto i szynka

SKŁADNIKI:
- 1 duża golonka z szynki lub wędzone skrzydełko z indyka
- 7 szklanek wody
- 3 szklanki suchej fasoli pinto, posortowanej i umytej
- 1 średnia żółta cebula, pokrojona w kostkę
- 1 łyżka posiekanego czosnku
- 2 łyżeczki soli przyprawowej
- ½ łyżeczki mielonego czarnego pieprzu
- Posiekana zielona cebula do dekoracji (opcjonalnie)
- 2 do 2 ½ szklanki ryżu gotowanego na parze

INSTRUKCJE

a) Dodaj szynkę, wodę, fasolę, cebulę, czosnek, sól i pieprz do wolnowaru o pojemności 6 litrów. Ustawić na wysokim poziomie, przykryć i gotować przez 6 godzin.

b) Gdy fasola będzie gotowa, udekoruj zieloną cebulą i podawaj z ryżem.

51. Bostońskie pieczone fasolki

SKŁADNIKI:

- 1 funt fasoli granatowej, opłukanej i posortowanej
- 1/2 funta solonej wieprzowiny, pokrojonej w kostkę
- 1 duża cebula, posiekana
- 1/2 szklanki melasy
- 1/4 szklanki brązowego cukru
- 1 łyżka suchej musztardy
- 1 łyżeczka soli
- 1/4 łyżeczki czarnego pieprzu
- 6 szklanek wody

INSTRUKCJE:

a) Fasolę granatową namoczyć na noc w wodzie. Odcedź i opłucz fasolę.
b) Rozgrzej piekarnik do 150°C (300°F).
c) W holenderskim piekarniku lub dużym garnku ugotuj pokrojoną w kostkę soloną wieprzowinę na średnim ogniu, aż zacznie się rumienić.
d) Dodaj posiekaną cebulę do garnka i smaż, aż stanie się przezroczysta.
e) Do garnka dodaj namoczoną fasolę, melasę, brązowy cukier, musztardę suszoną, sól, pieprz i wodę. Mieszaj do połączenia.
f) Doprowadzić mieszaninę do wrzenia, następnie zmniejszyć ogień i pozostawić na wolnym ogniu przez 10 minut.
g) Przykryj garnek i piecz w nagrzanym piekarniku przez 6-8 godzin lub do momentu, aż fasola będzie miękka, a płyn zgęstnieje i zamieni się w sos.
h) Podczas pieczenia od czasu do czasu sprawdzaj garnek i w razie potrzeby dodaj więcej wody.
i) Wyjąć z piekarnika i przed podaniem odstawić fasolkę po bretońsku na kilka minut do ostygnięcia.

52. Pieczony Nadziewany Jesiotr

SKŁADNIKI:
- 1 cały jesiotr, oczyszczony i łuskowany
- 1 szklanka świeżej bułki tartej
- 1/4 szklanki roztopionego masła
- 1/4 szklanki posiekanej natki pietruszki
- 2 łyżki posiekanej cebuli
- 1 łyżeczka soli
- 1/4 łyżeczki czarnego pieprzu
- 2 łyżki soku z cytryny
- 1/2 szklanki białego wina
- Rozgrzej piekarnik do 350°F.

INSTRUKCJE:
a) W małej misce wymieszaj bułkę tartą, masło, pietruszkę, cebulę, sól, pieprz i sok z cytryny.
b) Napełnij jesiotra bułką tartą i ułóż w naczyniu do pieczenia.
c) Zalewamy jesiotra białym winem.
d) Przykryj naczynie folią i piecz przez 45-50 minut lub do momentu, aż jesiotr będzie ugotowany.
e) Podawać na gorąco.

53. Rolada z homarem w stylu nowojorskim

SKŁADNIKI:
- 4 ogony homara, ugotowane i posiekane
- 1/2 szklanki majonezu
- 2 łodygi selera, drobno posiekane
- 1 łyżka świeżego soku z cytryny
- Sól i pieprz do smaku
- 4 bułki do hot dogów
- Masło do tostów
- Posiekany szczypiorek do dekoracji

INSTRUKCJE:
a) W misce wymieszaj homara, majonez, seler, sok z cytryny, sól i pieprz.
b) Rozgrzej patelnię na średnim ogniu. Boki bułek do hot dogów posmaruj masłem i opiekaj na złoty kolor.
c) Napełnij każdą bułkę mieszanką homara i udekoruj posiekanym szczypiorkiem.

54. Wegetariańska kanapka z bajglem

SKŁADNIKI:
- 4 wszystko bajgle
- 8 uncji sera śmietankowego
- 1 ogórek, pokrojony w cienkie plasterki
- 1 duży pomidor, pokrojony w plasterki
- Czerwona cebula, cienko pokrojona
- kapary
- Świeży koperek do dekoracji

INSTRUKCJE:
a) Pokrój bajgle i opiekaj je.
b) Posmaruj serkiem śmietankowym każdą połówkę bajgli.
c) Ułóż plasterki ogórka, plasterki pomidora, plasterki czerwonej cebuli, kapary i świeży koperek.
d) Złóż połówki bajgla i podawaj.

ZUPY I ZUPY

55. Zupa Matzo Ball w stylu nowojorskim

SKŁADNIKI:

- 4 duże jajka
- 1 szklanka mąki macowej
- 1/4 szklanki oleju roślinnego
- 1/4 szklanki napoju gazowanego
- Sól i pieprz do smaku
- 8 szklanek bulionu z kurczaka
- 2 marchewki, pokrojone w plasterki
- 2 łodygi selera, pokrojone w plasterki
- Świeży koperek do dekoracji

INSTRUKCJE:

a) W misce ubij jajka. Dodaj mączkę macową, olej roślinny, sodę klubową, sól i pieprz. Mieszaj, aż dobrze się połączą.
b) Przykryj miskę i wstaw do lodówki na co najmniej 30 minut.
c) W dużym garnku zagotuj bulion z kurczaka. Dodaj marchewkę i seler.
d) Zwilż ręce i uformuj masę macową w kulki. Wrzucamy je do gotującego się bulionu.
e) Przykryj i gotuj na wolnym ogniu przez 20–25 minut lub do momentu, aż kulki macy będą ugotowane.
f) Przed podaniem udekoruj świeżym koperkiem.

56. Zupa pomidorowo-bazyliowa w stylu nowojorskim

SKŁADNIKI:

- 2 łyżki oliwy z oliwek
- 1 cebula, posiekana
- 2 ząbki czosnku, posiekane
- 2 puszki (28 uncji każda) całych obranych pomidorów
- 4 szklanki bulionu warzywnego lub drobiowego
- 1 szklanka posiekanych świeżych liści bazylii
- Sól i pieprz do smaku
- 1/2 szklanki gęstej śmietanki (opcjonalnie)

INSTRUKCJE:

a) W dużym garnku rozgrzej oliwę z oliwek na średnim ogniu. Dodaj cebulę i czosnek. Gotuj, aż cebula będzie przezroczysta.
b) Dodajemy całe obrane pomidory i rozgniatamy je łyżką.
c) Wlać bulion i doprowadzić do wrzenia. Dodaj posiekaną bazylię.
d) Doprawić solą i pieprzem. Dusić przez 15-20 minut.
e) Za pomocą blendera zanurzeniowego zmiksuj zupę na gładką masę. W razie potrzeby dodaj gęstą śmietanę.
f) Gotuj jeszcze przez 5 minut przed podaniem.

57. Zupa z kurczakiem i makaronem w stylu nowojorskim

SKŁADNIKI:

- 2 łyżki oliwy z oliwek
- 1 cebula, posiekana
- 2 marchewki, pokrojone w plasterki
- 2 łodygi selera, pokrojone w plasterki
- 2 ząbki czosnku, posiekane
- 8 szklanek bulionu z kurczaka
- 2 szklanki gotowanego kurczaka, posiekanego
- 2 szklanki makaronu jajecznego
- 1 łyżeczka suszonego tymianku
- Sól i pieprz do smaku

INSTRUKCJE:

a) W dużym garnku rozgrzej oliwę z oliwek na średnim ogniu. Dodać cebulę, marchewkę, seler i czosnek. Gotuj, aż warzywa zmiękną.
b) Wlać bulion z kurczaka i doprowadzić do wrzenia. Dodać rozdrobnionego kurczaka, makaron jajeczny, tymianek, sól i pieprz.
c) Gotuj, aż makaron będzie ugotowany.
d) W razie potrzeby dopraw do smaku i podawaj na gorąco.

58. Zupa grochowa w stylu nowojorskim

SKŁADNIKI:
- 1 funt suszonego zielonego groszku
- 1 golonka szynkowa lub wędzona kość szynkowa
- 1 cebula, posiekana
- 2 marchewki, posiekane
- 2 łodygi selera, posiekane
- 3 ząbki czosnku, posiekane
- 8 szklanek bulionu z kurczaka lub warzyw
- Sól i pieprz do smaku

INSTRUKCJE:
a) Opłucz groszek i odłóż go na bok.
b) W dużym garnku wymieszaj groszek, szynkę, cebulę, marchewkę, seler, czosnek i bulion.
c) Doprowadzić do wrzenia, następnie zmniejszyć ogień i gotować na wolnym ogniu przez około 1 do 1,5 godziny lub do momentu, aż groszek będzie miękki.
d) Wyjmij golonkę z szynki, posiekaj mięso i włóż z powrotem do zupy. Doprawić solą i pieprzem.

59. Zupa Minestrone w stylu nowojorskim

SKŁADNIKI:

- 2 łyżki oliwy z oliwek
- 1 cebula, posiekana
- 2 marchewki, pokrojone w kostkę
- 2 łodygi selera, pokrojone w kostkę
- 3 ząbki czosnku, posiekane
- 1 cukinia, pokrojona w kostkę
- 1 puszka (15 uncji) fasoli, odsączona i opłukana
- 1 puszka (15 uncji) pokrojonych w kostkę pomidorów
- 8 szklanek bulionu warzywnego
- 1 szklanka małego makaronu (takiego jak ditalini)
- 1 łyżeczka suszonego oregano
- Sól i pieprz do smaku

INSTRUKCJE:

a) W dużym garnku rozgrzej oliwę z oliwek na średnim ogniu. Dodać cebulę, marchewkę, seler i czosnek. Gotuj, aż warzywa zmiękną.

b) Dodać cukinię, fasolkę, pokrojone w kostkę pomidory, bulion warzywny, makaron, oregano, sól i pieprz.

c) Doprowadzić do wrzenia, następnie zmniejszyć ogień i gotować, aż makaron będzie ugotowany.

d) W razie potrzeby dopraw do smaku i podawaj na gorąco.

60. Zupa kukurydziana w stylu nowojorskim

SKŁADNIKI:
- 4 plasterki boczku, posiekane
- 1 cebula, posiekana
- 2 ziemniaki, pokrojone w kostkę
- 4 szklanki ziaren kukurydzy (świeżych lub mrożonych)
- 4 szklanki bulionu z kurczaka lub warzyw
- 1 szklanka pół na pół
- 1 łyżeczka suszonego tymianku
- Sól i pieprz do smaku

INSTRUKCJE:
a) W dużym garnku podsmaż boczek, aż będzie chrupiący. Usuń trochę do dekoracji.
b) Do garnka dodaj cebulę i smaż, aż zmięknie. Dodać ziemniaki, kukurydzę, bulion pół na pół, tymianek, sól i pieprz.
c) Doprowadź do wrzenia, po czym zmniejsz ogień i gotuj, aż ziemniaki będą miękkie.
d) Podawać na gorąco, udekorowane chrupiącym boczkiem.

61. Zupa z wołowiny i jęczmienia po nowojorsku

SKŁADNIKI:
- 1 funt gulaszu wołowego, pokrojonego w kostkę
- 2 łyżki oliwy z oliwek
- 1 cebula, posiekana
- 2 marchewki, pokrojone w plasterki
- 2 łodygi selera, pokrojone w plasterki
- 2 ząbki czosnku, posiekane
- 1 szklanka jęczmienia perłowego
- 8 szklanek bulionu wołowego
- 1 łyżeczka suszonego tymianku
- Sól i pieprz do smaku

INSTRUKCJE:

a) W dużym garnku rozgrzej oliwę z oliwek na średnim ogniu. Dodać wołowinę i obsmażyć ze wszystkich stron. Wyjmij wołowinę i odłóż na bok.

b) W tym samym garnku dodaj cebulę, marchewkę, seler i czosnek. Gotuj, aż warzywa zmiękną.

c) Dodać kaszę jęczmienną, bulion wołowy, tymianek, sól, pieprz i zrumienioną wołowinę. Doprowadzić do wrzenia, następnie zmniejszyć ogień i gotować, aż jęczmień będzie miękki.

d) W razie potrzeby dopraw do smaku i podawaj na gorąco.

62. Klasyczna nowojorska zupa z małży

SKŁADNIKI:

- 2 plasterki boczku, posiekane
- 1 cebula, posiekana
- 2 marchewki, pokrojone w kostkę
- 2 łodygi selera, pokrojone w kostkę
- 2 ząbki czosnku, posiekane
- 1 łyżeczka suszonego tymianku
- 3 szklanki pokrojonych w kostkę ziemniaków
- 2 puszki (po 10 uncji każda) posiekanych małży z sokiem
- 1 puszka (28 uncji) pokruszonych pomidorów
- 2 szklanki bulionu z kurczaka lub warzyw
- Sól i pieprz do smaku

INSTRUKCJE:

a) W dużym garnku podsmaż boczek, aż będzie chrupiący. Dodać cebulę, marchewkę, seler i czosnek. Gotuj, aż warzywa będą miękkie.
b) Dodać tymianek, ziemniaki, małże z sokiem, rozdrobnione pomidory i bulion.
c) Gotuj na wolnym ogniu, aż ziemniaki będą ugotowane, około 20 minut.
d) Doprawić solą i pieprzem. Podawać na gorąco.

63. Francuska zupa cebulowa

SKŁADNIKI:

- 6 szklanek posiekanej cebuli
- 3 10¾ uncji puszek bulionu wołowego
- Dash Worcestershire
- Dosypać pieprzu
- Dolej białego wina

INSTRUKCJE:

a) Cebulę podsmaż na 3 łyżkach masła i dodaj resztę składników.
b) Gotuj przez 20 minut i dodaj ser.
c) Podawać z pieczywem.

64. Manhattan Clam Chowder

SKŁADNIKI:

- 2 plasterki boczku, posiekane
- 1 cebula, posiekana
- 2 marchewki, pokrojone w kostkę
- 2 łodygi selera, pokrojone w kostkę
- 2 ząbki czosnku, posiekane
- 1 puszka (28 uncji) pokrojonych w kostkę pomidorów
- 2 szklanki soku pomidorowego
- 1 szklanka soku z małży
- 1 szklanka pokrojonych w kostkę ziemniaków
- 1 łyżeczka suszonego tymianku
- 1 liść laurowy
- Sól i pieprz do smaku
- 1 szklanka posiekanych małży

INSTRUKCJE:

a) W dużym garnku podsmaż boczek, aż będzie chrupiący. Dodać cebulę, marchewkę, seler i czosnek. Gotuj, aż warzywa będą miękkie.
b) Dodać pokrojone w kostkę pomidory, sok pomidorowy, sok z małży, ziemniaki, tymianek, liść laurowy, sól i pieprz.
c) Gotuj na wolnym ogniu, aż ziemniaki będą ugotowane, około 20 minut.
d) Dodaj posiekane małże i gotuj na wolnym ogniu przez dodatkowe 5 minut. Przed podaniem usuń liść laurowy.

65.Zupa ogonowa

SKŁADNIKI:

- 1 ogon ogonowy
- 3 porcje bulionu
- 1 duża cebula
- 1 posiekana marchewka
- ½ szklanki bordo
- 1 łyżka masła
- 1 tymianek wiosenny
- ½ szklanki posiekanych pomidorów
- 1 łodyga selera
- 2 gałązki pietruszki
- 1 liść laurowy
- 6 ziarenek pieprzu
- 1 łyżka sosu Worcestershire
- Sól

INSTRUKCJE:

a) Mięso i cebulę zrumienić na maśle.
b) Dodać pozostałe składniki i dusić około 8 godzin.
c) Usuń mięso z kości i wróć do zupy.

66.Zupa rybna

SKŁADNIKI:
- 1 funt filetów z białej ryby, pokrojonych na kawałki
- 2 łyżki masła
- 1 cebula, posiekana
- 2 szklanki bulionu z kurczaka
- 2 szklanki mleka
- 2 ziemniaki, obrane i pokrojone w kostkę
- 1/2 szklanki ziaren kukurydzy
- 1/2 szklanki gęstej śmietanki
- Sól i pieprz do smaku

INSTRUKCJE:
a) Rozpuść masło w dużym garnku na średnim ogniu.
b) Dodaj posiekaną cebulę i smaż, aż cebula będzie miękka i przezroczysta.
c) Do garnka dodaj bulion z kurczaka, mleko, ziemniaki i kukurydzę i zagotuj.
d) Zmniejsz ogień do małego i gotuj na wolnym ogniu przez 15-20 minut lub do momentu, aż ziemniaki będą miękkie.
e) Dodaj kawałki ryby do garnka i gotuj na wolnym ogniu przez kolejne 5-7 minut lub do momentu, aż ryba będzie ugotowana.
f) Wymieszać z gęstą śmietaną i doprawić solą i pieprzem do smaku.
g) Podawać na gorąco z krakersami lub pieczywem.

DODATKI I SAŁATKI

67. Delikatesy Coleslaw w stylu nowojorskim

SKŁADNIKI:
- 1 mała zielona kapusta, posiekana
- 2 marchewki, starte
- 1 szklanka majonezu
- 2 łyżki musztardy Dijon
- 2 łyżki octu jabłkowego
- 1 łyżka cukru
- Sól i pieprz do smaku

INSTRUKCJE:
a) W dużej misce połącz posiekaną kapustę i startą marchewkę.
b) W osobnej misce wymieszaj majonez, musztardę Dijon, ocet jabłkowy, cukier, sól i pieprz.
c) Sosem polej mieszaninę kapusty i mieszaj, aż składniki dobrze się połączą.
d) Przed podaniem przechowywać w lodówce co najmniej 1 godzinę, aby smaki się przegryzły.

68. Sałatka ziemniaczana w stylu nowojorskim

SKŁADNIKI:
- 2 funty czerwonych ziemniaków, ugotowanych i pokrojonych w kostkę
- 1/2 szklanki majonezu
- 2 łyżki musztardy Dijon
- 1/4 szklanki czerwonej cebuli, drobno posiekanej
- 1/4 szklanki selera, drobno posiekanego
- 2 łyżki posiekanej świeżej pietruszki
- Sól i pieprz do smaku

INSTRUKCJE:
a) W dużej misce wymieszaj pokrojone w kostkę ziemniaki, czerwoną cebulę, seler i pietruszkę.
b) W osobnej misce wymieszaj majonez, musztardę Dijon, sól i pieprz.
c) Polej dressingiem mieszaninę ziemniaków i mieszaj, aż pokryje się równomiernie.
d) Przed podaniem przechowywać w lodówce co najmniej 2 godziny.

69. Sałatka Waldorf w stylu nowojorskim

SKŁADNIKI:
- 2 szklanki jabłek pokrojonych w kostkę (użyj mieszanki słodkich i cierpkich jabłek)
- 1 szklanka selera, pokrojonego w plasterki
- 1 szklanka czerwonych winogron, przekrojonych na pół
- 1/2 szklanki posiekanych orzechów włoskich
- 1/2 szklanki majonezu
- 2 łyżki soku z cytryny
- Sól i pieprz do smaku
- Liście sałaty do podania (opcjonalnie)

INSTRUKCJE:
a) W dużej misce wymieszaj pokrojone w kostkę jabłka, seler, winogrona i orzechy włoskie.
b) W małej misce wymieszaj majonez i sok z cytryny.
c) Powstałym dressingiem polej mieszankę owoców i orzechów. Wrzucaj, aż dobrze się pokryje.
d) Doprawić solą i pieprzem. W razie potrzeby podawaj na liściach sałaty.

70. Sałatka Szpinakowa Z Bekonem I Serem Pleśniowym

SKŁADNIKI:

- 6 szklanek szpinaku baby
- 1 szklanka pomidorków koktajlowych, przekrojonych na połówki
- 1/2 szklanki czerwonej cebuli, pokrojonej w cienkie plasterki
- 4 plasterki boczku, ugotowane i pokrojone
- 1/2 szklanki sera pleśniowego, pokruszonego
- Balsamiczny sos winegret
- Sól i pieprz do smaku

INSTRUKCJE:

a) W dużej misce połącz młody szpinak, pomidorki koktajlowe, czerwoną cebulę, bekon i ser pleśniowy.
b) Skropić balsamicznym sosem winegret i wymieszać, aż dobrze się nim pokryje.
c) Dopraw solą i pieprzem do smaku. Natychmiast podawaj.

71. Sałatka Caprese w stylu nowojorskim

SKŁADNIKI:
- 4 duże pomidory, pokrojone w plasterki
- 1 funt świeżego sera mozzarella, pokrojonego w plasterki
- Świeże liście bazylii
- Oliwa z oliwek z pierwszego tłoczenia
- Glazura balsamiczna
- Sól i pieprz do smaku

INSTRUKCJE:
a) Na talerzu układaj plasterki pomidora i mozzarelli, naprzemiennie i lekko nachodząc na siebie.
b) Włóż liście świeżej bazylii pomiędzy plasterki pomidora i mozzarelli.
c) Skropić oliwą z oliwek z pierwszego tłoczenia i glazurą balsamiczną.
d) Doprawić solą i pieprzem. Natychmiast podawaj.

72. Węzły czosnkowe w stylu nowojorskim

SKŁADNIKI:
- Ciasto na pizzę (kupne lub domowe)
- 1/4 szklanki niesolonego masła, roztopionego
- 3 ząbki czosnku, posiekane
- 2 łyżki posiekanej świeżej pietruszki
- Sól dla smaku

INSTRUKCJE:
a) Rozgrzej piekarnik do 400°F (200°C).
b) Ciasto na pizzę rozwałkowujemy i kroimy w paski.
c) Każdy pasek zawiązujemy w supeł i układamy na blasze do pieczenia.
d) Wymieszaj roztopione masło, przeciśnięty przez praskę czosnek, posiekaną natkę pietruszki i szczyptę soli. Posmaruj tę mieszaniną węzły.
e) Piec przez 12-15 minut lub do złotego koloru. Podawać na ciepło.

73. Sałatka Cezar w stylu nowojorskim

SKŁADNIKI:
- Sałata rzymska, posiekana
- Dressing do sałatki Cezara
- Grzanki
- Ogolony ser parmezan
- Czarny pieprz do smaku

INSTRUKCJE:
a) W dużej misce wymieszaj posiekaną sałatę rzymską z sosem Cezar, aż będzie dobrze pokryta.
b) Dodaj grzanki i ponownie wymieszaj.
c) Posypujemy startym parmezanem i posypujemy czarnym pieprzem.
d) Podawaj natychmiast jako orzeźwiającą sałatkę.

74. pieczony makaron z serem

SKŁADNIKI:

- 2 szklanki makaronu łokciowego, ugotowanego
- 1/4 szklanki niesolonego masła
- 1/4 szklanki mąki uniwersalnej
- 1/2 łyżeczki soli
- 1/4 łyżeczki czarnego pieprzu
- 1/4 łyżeczki musztardy w proszku
- 2 szklanki mleka
- 2 szklanki posiekanego ostrego sera Cheddar

INSTRUKCJE:

a) Rozgrzej piekarnik do 175°C i natłuść naczynie do pieczenia.
b) W dużym garnku rozpuść masło na średnim ogniu. Mieszaj mąkę, sól, pieprz i musztardę w proszku, aż dobrze się połączą.
c) Stopniowo dodawaj mleko i gotuj, ciągle mieszając, aż masa zgęstnieje.
d) Zdjąć z ognia i wymieszać z posiekanym serem Cheddar, aż się rozpuści.
e) Do ugotowanego makaronu dodać sos serowy i dobrze wymieszać. Przełożyć do przygotowanego naczynia do zapiekania.
f) Piec przez 30 minut lub do momentu, aż wierzch będzie musujący i złocistobrązowy.

75. Sałatka z jarmużem i komosą ryżową w stylu nowojorskim

SKŁADNIKI:

- 2 szklanki ugotowanej komosy ryżowej, ostudzonej
- 4 szklanki jarmużu, usunięte łodygi i posiekane liście
- 1/2 szklanki suszonej żurawiny
- 1/2 szklanki sera feta, pokruszonego
- 1/4 szklanki nasion słonecznika
- Sos winegret cytrynowy
- Sól i pieprz do smaku

INSTRUKCJE:

a) W dużej misce połącz ugotowaną komosę ryżową, posiekany jarmuż, suszoną żurawinę, ser feta i nasiona słonecznika.

b) Skropić cytrynowym sosem winegret i wymieszać, aż składniki dobrze się połączą.

c) Dopraw solą i pieprzem do smaku. Podać schłodzone.

76.Pomarańczowa marmolada

SKŁADNIKI:
- 4 pomarańcze, pokrojone w cienkie plasterki
- 1 cytryna, pokrojona w cienkie plasterki
- 8 szklanek wody
- 8 szklanek cukru

INSTRUKCJE:
a) Połącz pokrojone pomarańcze, cytrynę i wodę w dużym garnku i zagotuj.
b) Zmniejsz ogień do małego i gotuj na wolnym ogniu przez 1-2 godziny lub do momentu, gdy owoce będą bardzo miękkie, a płyn zredukuje się o około połowę.
c) Zdejmij garnek z ognia i pozostaw do ostygnięcia na 10-15 minut.
d) Wyjmij plasterki owoców z garnka łyżką cedzakową i przenieś je na deskę do krojenia.
e) Drobno posiekaj owoce i włóż je z powrotem do garnka.
f) Do garnka dodaj cukier i mieszaj, aż całkowicie się rozpuści.
g) Ponownie postaw garnek na ogniu i zagotuj.
h) Zmniejsz ogień do małego i gotuj marmoladę przez 30-45 minut lub do momentu, aż zgęstnieje i osiągnie konsystencję przypominającą dżem.
i) Zdejmij garnek z ognia i pozwól marmoladzie ostygnąć przez kilka minut.
j) Marmoladę przełóż do wysterylizowanych słoików i szczelnie je zamknij.
k) Słoiki należy zalać wrzącą wodą przez 10 minut, aby zapewnić dobre zamknięcie.

77. Frytki ze słodkich ziemniaków w stylu nowojorskim

SKŁADNIKI:
- 2 duże słodkie ziemniaki, obrane i pokrojone w frytki
- 2 łyżki oliwy z oliwek
- 1 łyżeczka papryki
- 1/2 łyżeczki czosnku w proszku
- Sól i pieprz do smaku

INSTRUKCJE:

a) Rozgrzej piekarnik do 220°C (425°F).

b) W dużej misce wymieszaj frytki ze słodkich ziemniaków z oliwą z oliwek, papryką, czosnkiem w proszku, solą i pieprzem, aż będą równomiernie pokryte.

c) Rozłóż frytki w jednej warstwie na blasze do pieczenia.

d) Piecz przez 20-25 minut, przewracając w połowie lub do momentu, aż frytki będą złociste i chrupiące.

78. Brukselka pieczona w czosnku

SKŁADNIKI:
- 1 funt brukselki, przyciętej i przekrojonej na pół
- 3 łyżki oliwy z oliwek
- 4 ząbki czosnku, posiekane
- Sól i pieprz do smaku
- Tarty parmezan do dekoracji

INSTRUKCJE:

a) Rozgrzej piekarnik do 400°F (200°C).

b) W misce wymieszaj brukselkę z oliwą z oliwek, przeciśniętym przez praskę czosnkiem, solą i pieprzem.

c) Rozłóż brukselkę na blasze do pieczenia w jednej warstwie.

d) Piec przez 20-25 minut lub do momentu, aż kiełki będą karmelizowane i miękkie.

e) Przed podaniem udekoruj tartym parmezanem.

79. Sałatka Ogórkowa w stylu nowojorskim

SKŁADNIKI:
- 3 ogórki, pokrojone w cienkie plasterki
- 1/4 szklanki czerwonej cebuli, pokrojonej w cienkie plasterki
- 1/4 szklanki świeżego koperku, posiekanego
- 1/4 szklanki białego octu winnego
- 2 łyżki oliwy z oliwek
- 1 łyżeczka cukru
- Sól i pieprz do smaku

INSTRUKCJE:
a) W dużej misce połącz pokrojone w plasterki ogórki, czerwoną cebulę i posiekany koperek.
b) W małej misce wymieszaj biały ocet winny, oliwę z oliwek, cukier, sól i pieprz.
c) Sosem polej mieszaninę ogórków i mieszaj, aż składniki dobrze się połączą.
d) Przed podaniem przechowywać w lodówce co najmniej 1 godzinę.

80.Klasyczny makaron z serem

SKŁADNIKI:

- 1 funt makaronu łokciowego
- 4 łyżki niesolonego masła
- 4 łyżki mąki uniwersalnej
- 3 szklanki mleka
- 1 łyżeczka soli
- 1/2 łyżeczki czarnego pieprzu
- 1/4 łyżeczki gałki muszkatołowej
- 2 szklanki startego sera Cheddar

INSTRUKCJE:

a) Makaron ugotować zgodnie z instrukcją na opakowaniu i odcedzić.
b) W osobnym rondlu rozpuść masło na średnim ogniu.
c) Dodać mąkę i ciągle mieszać przez 2-3 minuty, aż masa będzie gładka.
d) Stopniowo dodawaj mleko, cały czas mieszając, aby nie utworzyły się grudki.
e) Sos gotujemy na małym ogniu, ciągle mieszając, aż zgęstnieje.
f) Dodaj sól, pieprz i gałkę muszkatołową i dobrze wymieszaj.
g) Dodajemy ser i mieszamy aż się rozpuści i dobrze połączy.
h) Dodaj ugotowany makaron do sosu serowego i mieszaj, aż dobrze się nim pokryje.
i) Podawać na gorąco.

DESER

81. Sernik w stylu nowojorskim

SKŁADNIKI:

- 2 szklanki okruszków krakersów graham
- 1/2 szklanki niesolonego masła, roztopionego
- 32 uncje serka śmietankowego, zmiękczonego
- 1 1/2 szklanki granulowanego cukru
- 4 duże jajka
- 1 szklanka kwaśnej śmietany
- 1 łyżeczka ekstraktu waniliowego

INSTRUKCJE:

a) Rozgrzej piekarnik do 163°C (325°F).
b) Wymieszaj okruchy krakersów graham z roztopionym masłem i wciśnij je na dno tortownicy.
c) W dużej misce ubij serek śmietankowy i cukier na gładką masę. Dodawaj jajka, jedno po drugim, dobrze ubijając po każdym dodaniu.
d) Wymieszaj śmietanę i ekstrakt waniliowy.
e) Powstałą masę wylewamy na spód i wygładzamy wierzch.
f) Piec przez 50-60 minut lub do momentu, aż środek się zetnie.
g) Pozostaw sernik do ostygnięcia, a następnie włóż do lodówki na co najmniej 4 godziny lub na noc.

82. Szarlotka w stylu nowojorskim

SKŁADNIKI:

- 1 opakowanie schłodzonych ciasteczek (lub domowych)
- 6 szklanek obranych i pokrojonych w plasterki jabłek (takich jak Granny Smith)
- 3/4 szklanki granulowanego cukru
- 2 łyżki mąki uniwersalnej
- 1 łyżeczka mielonego cynamonu
- 1/4 łyżeczki gałki muszkatołowej
- 1 łyżka soku z cytryny
- Na polewę Streusel:
- 1/2 szklanki mąki uniwersalnej
- 1/4 szklanki granulowanego cukru
- 1/4 szklanki niesolonego masła, schłodzonego i pokrojonego w kostkę

INSTRUKCJE:

a) Rozgrzej piekarnik do 220°C i wyłóż naczynie do ciasta jednym ciastem.
b) W dużej misce wymieszaj pokrojone jabłka, cukier, mąkę, cynamon, gałkę muszkatołową i sok z cytryny. Mieszaj, aż jabłka zostaną pokryte.
c) Wlać mieszaninę jabłek na spód ciasta.
d) W osobnej misce wymieszaj mąkę, cukier i pokrojone w kostkę masło na polewę z kruszonką. Za pomocą noża do ciasta lub palców ugniataj ciasto, aż powstanie kruszonka.
e) Posyp jabłka kruszonką.
f) Przykryj ciasto drugim ciastem lub utwórz wzór kratki.
g) Piec przez 45-50 minut lub do momentu, aż skórka będzie złocista, a nadzienie musujące.

83. pudding kukurydziany

SKŁADNIKI:

- 2 szklanki świeżych lub mrożonych ziaren kukurydzy
- 1 szklanka gęstej śmietanki
- 1/4 szklanki mąki uniwersalnej
- 1/4 szklanki cukru
- 2 jajka, ubite
- 2 łyżki roztopionego, niesolonego masła
- 1/2 łyżeczki soli
- 1/4 łyżeczki czarnego pieprzu

INSTRUKCJE:

a) Rozgrzej piekarnik do 175°C (350°F).
b) Nasmaruj tłuszczem 2-litrowe naczynie do pieczenia.
c) W misce wymieszaj ziarna kukurydzy, gęstą śmietanę, mąkę uniwersalną, cukier, ubite jajka, roztopione masło, sól i czarny pieprz.
d) Wlać mieszaninę do natłuszczonego naczynia do pieczenia.
e) Piec przez około 45-50 minut lub do momentu, aż budyń będzie złotobrązowy z wierzchu i osadzony w środku.

84. Budyń Wiśniowy

SKŁADNIKI:

- 1 szklanka cukru
- 1 Mąkę o wszechstronnym przeznaczeniu
- 2 łyżeczki proszku do pieczenia
- 1/2 łyżeczki soli
- 1/2 szklanki mleka
- 2 szklanki świeżych wiśni bez pestek
- 1/2 szklanki niesolonego masła, roztopionego
- 1 szklanka wrzącej wody

INSTRUKCJE:

a) Rozgrzej piekarnik do 350°F.
b) W średniej misce wymieszaj cukier, mąkę, proszek do pieczenia i sól.
c) Mieszaj mleko i wiśnie, aż dobrze się połączą.
d) Wlać roztopione masło do 8-calowego kwadratowego naczynia do pieczenia.
e) Na masło wylać masę wiśniową.
f) Ostrożnie zalej wrzącą wodą mieszankę wiśniową.
g) Piec przez 40-45 minut lub do momentu, aż wierzch będzie złocistobrązowy, a budyń będzie ugotowany.
h) Podawać na ciepło z lodami waniliowymi lub bitą śmietaną.

85.Czekoladowa Babka w stylu nowojorskim

SKŁADNIKI:
- 3 1/2 szklanki mąki uniwersalnej
- 1/2 szklanki granulowanego cukru
- 1 łyżka aktywnych suchych drożdży
- 1 szklanka ciepłego mleka
- 2 duże jajka
- 1/2 szklanki niesolonego masła, zmiękczonego
- 1/2 łyżeczki soli

DO WYPEŁNIENIA:
- 1 szklanka kawałków czekolady
- 1/2 szklanki niesolonego masła
- 1/2 szklanki cukru pudru
- 1/4 szklanki kakao w proszku

INSTRUKCJE:
a) W misce wymieszaj mąkę i cukier. W osobnej misce rozpuść drożdże w ciepłym mleku.
b) Do mieszanki mącznej dodać mieszaninę drożdży, jajka, miękkie masło i sól. Zagniataj, aż powstanie gładkie ciasto.
c) Ciasto przykryć i odstawić w ciepłe miejsce do podwojenia objętości.
d) Do nadzienia rozpuść kawałki czekolady i masło. Wymieszaj cukier puder i kakao w proszku.
e) Ciasto rozwałkować na prostokąt i równomiernie rozsmarować nadzienie czekoladowe na powierzchni.
f) Zwiń ciasto ciasno w wałek i przekrój go wzdłuż na pół. Skręć ze sobą obie połówki i włóż do natłuszczonej formy do pieczenia.
g) Pozostaw babkę do wyrośnięcia na kolejne 30 minut.
h) Rozgrzej piekarnik do 175°C i piecz przez 30–35 minut lub do złotego koloru.

86. Smażone placki jabłkowe

SKŁADNIKI:

- 2 filiżanki mąki uniwersalnej
- 1/2 szklanki tłuszczu
- 1/2 szklanki zimnej wody
- 2 szklanki obranych i posiekanych jabłek
- 1/2 szklanki brązowego cukru
- 1 łyżeczka mielonego cynamonu
- 1/4 łyżeczki mielonej gałki muszkatołowej
- Olej roślinny, do smażenia
- Cukier puder, do posypania

INSTRUKCJE:

a) W misce wymieszaj mąkę i tłuszcz, aż mieszanina będzie krucha.
b) Stopniowo dodawaj zimną wodę do mieszanki, mieszając, aż powstanie ciasto.
c) Rozwałkuj ciasto na posypanej mąką powierzchni i pokrój w koła.
d) W osobnej misce wymieszaj posiekane jabłka, brązowy cukier, cynamon i gałkę muszkatołową.
e) Umieść łyżkę mieszanki jabłkowej na środku każdego koła ciasta i złóż ciasto, zaciskając krawędzie, aby je uszczelnić.
f) Podgrzej około 1 cala oleju roślinnego na dużej patelni na średnim ogniu.
g) Placuszki smażymy na rozgrzanym oleju z obu stron na złoty kolor.
h) Przed podaniem odsączamy placuszki na ręcznikach papierowych i posypujemy je cukrem pudrem.

87. Gotowany krem

SKŁADNIKI:
- 4 szklanki mleka
- 4 żółtka
- 1/2 szklanki cukru
- 1 łyżeczka ekstraktu waniliowego

INSTRUKCJE:
a) Podgrzej mleko w rondlu na średnim ogniu, aż zacznie parować.
b) W misce wymieszaj żółtka z cukrem, aż masa będzie jasna i puszysta.
c) Powoli wlewaj gorące mleko do masy jajecznej, cały czas mieszając, aby zapobiec zsiadaniu się masy.
d) Wlać mieszaninę z powrotem do rondla i gotować na małym ogniu, ciągle mieszając, aż krem zgęstnieje na tyle, aby pokryć grzbiet łyżki.
e) Zdejmij rondelek z ognia i dodaj ekstrakt waniliowy.
f) Krem przelej przez sito o drobnych oczkach do miski, aby pozbyć się grudek.
g) Podawać na ciepło lub schłodzone.

88. Muffinki czarno-białe w stylu nowojorskim

SKŁADNIKI:
- 2 filiżanki mąki uniwersalnej
- 1 szklanka granulowanego cukru
- 1 łyżeczka proszku do pieczenia
- 1/2 łyżeczki sody oczyszczonej
- 1/4 łyżeczki soli
- 1/2 szklanki niesolonego masła, zmiękczonego
- 2 duże jajka
- 1 łyżeczka ekstraktu waniliowego
- 1 szklanka maślanki
- 1/4 szklanki niesłodzonego kakao w proszku

INSTRUKCJE:
a) Rozgrzej piekarnik do 175°C i wyłóż formę do muffinów papierowymi papilotkami.
b) W misce wymieszaj mąkę, cukier, proszek do pieczenia, sodę oczyszczoną i sól.
c) W drugiej misce utrzyj miękkie masło, jajka i wanilię. Dodawać mieszankę mączną na przemian z maślanką, zaczynając i kończąc na mieszance mącznej.
d) Ciasto podzielić na pół. W jednej połówce wymieszaj kakao.
e) Do każdej muffinki włóż łyżkę ciasta waniliowego, a następnie łyżkę ciasta czekoladowego.
f) Kontynuuj nakładanie warstw, aż każda filiżanka będzie pełna w dwóch trzecich.
g) Za pomocą wykałaczki wymieszaj ciasta razem.
h) Piec przez 18-20 minut lub do momentu, gdy wykałaczka wbita w środek będzie czysta.

89. Ciasto Shoo-Fly

SKŁADNIKI:

- 1 1/2 szklanki mąki
- 1/2 szklanki brązowego cukru
- 1/2 szklanki zimnego masła, pokrojonego na małe kawałki
- 1 szklanka melasy
- 3/4 szklanki wrzącej wody
- 1 łyżeczka sody oczyszczonej
- 1 spód ciasta

INSTRUKCJE:

a) Rozgrzej piekarnik do 190°C (375°F).
b) W misce wymieszaj mąkę i brązowy cukier.
c) Dodaj zimne masło i wymieszaj za pomocą noża do ciasta lub palców, aż mieszanina będzie przypominać grube okruchy.
d) Zarezerwuj 1/2 szklanki mieszanki okruchów, a resztę wciśnij na spód ciasta.
e) W osobnej misce wymieszaj melasę, wrzącą wodę i sodę oczyszczoną.
f) Wlać mieszaninę melasy na mieszaninę okruchów w cieście.
g) Posyp odłożoną mieszaniną okruchów na wierzch mieszanki melasy.
h) Piec przez 40-45 minut lub do momentu, aż nadzienie się zetnie, a skórka stanie się złotobrązowa.
i) Ostudzić przed podaniem.

90.Piernik Kolonialny

SKŁADNIKI:

- 2 szklanki mąki
- 1 łyżeczka sody oczyszczonej
- 1 łyżeczka mielonego cynamonu
- 1 łyżeczka mielonego imbiru
- 1/2 łyżeczki mielonej gałki muszkatołowej
- 1/2 łyżeczki soli
- 1/2 szklanki melasy
- 1/2 szklanki gorącej wody
- 1/4 szklanki roztopionego masła
- 1 jajko

INSTRUKCJE:

a) Rozgrzej piekarnik do 180°C (350°F).
b) Nasmaruj tłuszczem kwadratową formę do pieczenia o średnicy 20 cm.
c) W misce wymieszaj mąkę, sodę oczyszczoną, cynamon, imbir, gałkę muszkatołową i sól.
d) W osobnej misce wymieszaj melasę, gorącą wodę, roztopione masło i jajko.
e) Do suchych składników dodać mokre i wymieszać aż składniki się dobrze połączą.
f) Ciasto wlać do przygotowanej formy do pieczenia.
g) Piec 25-30 minut lub do momentu, aż wykałaczka wbita w środek piernika będzie sucha.
h) Studzimy na blaszce przez 5 minut, następnie przekładamy na metalową kratkę do całkowitego ostygnięcia.

91.Sernik z budyniem na kremie waniliowym

SKŁADNIKI:
NA SERNIK:
- 2 szklanki okruszków krakersów graham
- 1/2 szklanki niesolonego masła, roztopionego
- 4 opakowania (32 uncje) serka śmietankowego, zmiękczonego
- 1 1/2 szklanki granulowanego cukru
- 1/2 szklanki mąki uniwersalnej
- 4 duże jajka
- 1 szklanka kwaśnej śmietany
- 1 łyżka ekstraktu waniliowego

NA PUDDING Z CIEMNEJ CZEKOLADY:
- 1/2 szklanki granulowanego cukru
- 1/3 szklanki niesłodzonego kakao w proszku
- 1/4 szklanki skrobi kukurydzianej
- 1/8 łyżeczki soli
- 2 3/4 szklanki pełnego mleka
- 1 szklanka kawałków ciemnej czekolady
- 2 łyżki niesolonego masła
- 1 łyżeczka ekstraktu waniliowego

NA KREM WANILIOWY:
- 2 szklanki pełnego mleka
- 1/2 szklanki granulowanego cukru
- 1/4 szklanki skrobi kukurydzianej
- 4 duże żółtka
- 2 łyżki niesolonego masła
- 1 łyżka ekstraktu waniliowego

INSTRUKCJE:
a) Rozgrzej piekarnik do 163°C (325°F). Nasmaruj tłuszczem 9-calową tortownicę.
b) W misce wymieszaj okruchy krakersów graham i roztopione masło. Wciśnij mieszaninę na dno przygotowanej formy, aby uformować skórkę.
c) W dużej misce ubić serek śmietankowy na gładką masę. Dodać cukier, mąkę, jajka, śmietanę i ekstrakt waniliowy. Mieszaj, aż dobrze się połączą. Ciasto wylać na spód.
d) Piec sernik przez około 55-60 minut lub do momentu, aż środek się zarumieni. Pozwól mu całkowicie ostygnąć.
e) Aby przygotować budyń z ciemnej czekolady, w rondlu wymieszaj cukier, kakao, skrobię kukurydzianą i sól. Stopniowo dodawaj mleko, aż masa będzie gładka. Gotuj na średnim ogniu, ciągle mieszając, aż mieszanina zgęstnieje.
f) Zdejmij budyń z ognia i wymieszaj z kawałkami czekolady, masłem i ekstraktem waniliowym, aż uzyskasz gładką masę. Zostaw do schłodzenia.
g) Aby przygotować krem waniliowy, w innym rondlu wymieszaj mleko, cukier i skrobię kukurydzianą. W osobnej misce ubić żółtka. Stopniowo wlewaj gorącą mieszankę mleczną do żółtek. Gotuj na średnim ogniu, ciągle mieszając, aż zgęstnieje.
h) Zdejmij budyń z ognia, wymieszaj z masłem i ekstraktem waniliowym. Zostaw do schłodzenia.
i) Gdy sernik wystygnie, posmaruj wierzch warstwą budyniu z ciemnej czekolady. Przechowywać w lodówce aż do zestalenia.
j) Na budyń czekoladowy dodaj warstwę kremu waniliowego. Sernik schłodzić w lodówce przez co najmniej 4 godziny lub przez całą noc.
k) Podawaj schłodzone i delektuj się tym niebiańskim sernikiem w stylu nowojorskim z warstwami budyniu z ciemnej czekolady i kremem waniliowym.

92. Polewa wiśniowa Bourbon

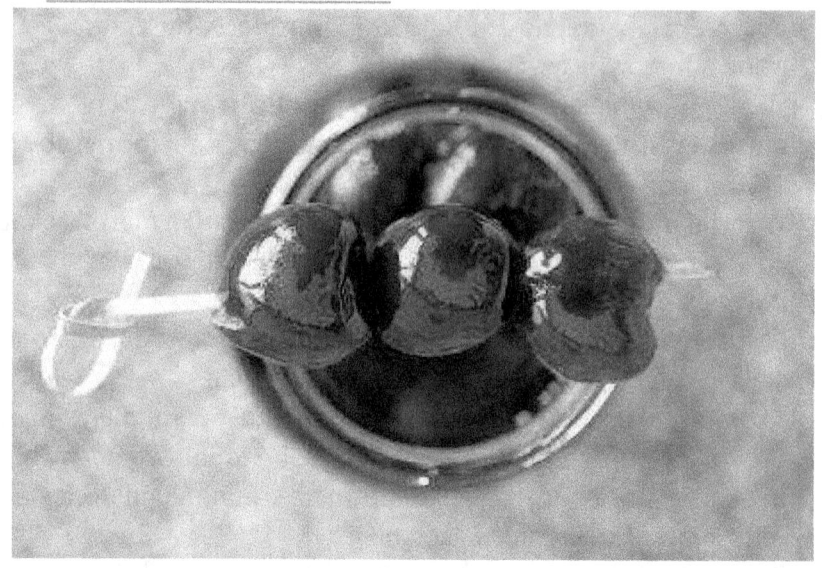

SKŁADNIKI:
- 1 szklanka mrożonych wiśni
- 1/4 szklanki bourbona
- 2 łyżki cukru
- 1 łyżeczka skrobi kukurydzianej
- 1 łyżeczka wody

INSTRUKCJE:
a) W małym rondlu wymieszaj mrożone wiśnie, bourbon i cukier.
b) Podgrzewaj mieszaninę na średnim ogniu, mieszając od czasu do czasu, aż cukier się rozpuści.
c) W małej misce wymieszaj skrobię kukurydzianą i wodę, aż uzyskasz gładką masę.
d) Dodaj mieszaninę skrobi kukurydzianej do mieszanki wiśniowej i wymieszaj, aby połączyć.
e) Kontynuuj gotowanie na średnim ogniu, aż mieszanina zgęstnieje, a wiśnie zmiękną, około 10-15 minut.
f) Zdjąć z ognia i lekko ostudzić przed podaniem z lodami lub naleśnikami.

93.Lody waniliowe

SKŁADNIKI:

- 2 szklanki gęstej śmietanki
- 1 szklanka pełnego mleka
- 3/4 szklanki granulowanego cukru
- 2 łyżeczki czystego ekstraktu waniliowego

INSTRUKCJE:

a) W dużym rondlu wymieszaj śmietanę, mleko i cukier.
b) Podgrzewaj mieszaninę na średnim ogniu, mieszając od czasu do czasu, aż cukier się rozpuści, a mieszanina będzie gorąca, ale nie wrząca.
c) Zdejmij rondelek z ognia i dodaj ekstrakt waniliowy.
d) Przenieść mieszaninę do dużej miski i pozostawić do ostygnięcia do temperatury pokojowej.
e) Przykryj miskę folią i wstaw do lodówki na co najmniej 2 godziny lub do momentu całkowitego schłodzenia mieszaniny.
f) Schłodzoną masę wlać do maszyny do lodów i ubić zgodnie z instrukcją producenta.
g) Przenieś lody do pojemnika przeznaczonego do zamrażania i zamroź do twardości, około 2-3 godzin.
h) Podawaj i ciesz się!

94. czarne i białe ciasteczka

SKŁADNIKI:

- 2 1/2 szklanki mąki uniwersalnej
- 1/2 łyżeczki proszku do pieczenia
- 1/2 łyżeczki sody oczyszczonej
- 1/4 łyżeczki soli
- 1/2 szklanki niesolonego masła, zmiękczonego
- 1 szklanka granulowanego cukru
- 2 duże jajka
- 1 łyżeczka ekstraktu waniliowego
- 1 szklanka maślanki
- 2 szklanki cukru pudru
- 2 łyżki niesłodzonego kakao w proszku
- 2 łyżki gorącej wody

INSTRUKCJE:

a) Rozgrzej piekarnik do 190°C i wyłóż blachy do pieczenia papierem pergaminowym.
b) W misce wymieszaj mąkę, proszek do pieczenia, sodę oczyszczoną i sól.
c) W drugiej misce utrzyj masło z cukrem na jasną i puszystą masę. Dodawać po jednym jajku, następnie wymieszać z wanilią.
d) Dodawać mieszankę mączną na przemian z maślanką, zaczynając i kończąc na mieszance mącznej.
e) Na przygotowane blachy do pieczenia nakładać zaokrąglonymi łyżkami ciasta. Piec przez 12-15 minut lub do momentu, aż krawędzie będą złociste.
f) W osobnej misce wymieszaj cukier puder, kakao i gorącą wodę, aby uzyskać polewę czekoladową.
g) Gdy ciasteczka ostygną, posmaruj połowę każdego ciasteczka polewą waniliową, a drugą połowę polewą czekoladową.

95. Ciasto kruche w stylu nowojorskim

SKŁADNIKI:

- 2 1/2 szklanki mąki uniwersalnej
- 1 szklanka granulowanego cukru
- 1 łyżeczka proszku do pieczenia
- 1/2 łyżeczki sody oczyszczonej
- 1/4 łyżeczki soli
- 1 szklanka niesolonego masła, zmiękczonego
- 1 duże jajko
- 1 szklanka kwaśnej śmietany
- 1 łyżeczka ekstraktu waniliowego
- Na polewę z kruszonką:
- 1 1/2 szklanki mąki uniwersalnej
- 1 szklanka brązowego cukru, zapakowana
- 1 łyżeczka cynamonu
- 1/2 szklanki niesolonego masła, roztopionego

INSTRUKCJE:

a) Rozgrzej piekarnik do 175°C i natłuść formę do pieczenia o wymiarach 9 x 13 cali.
b) W dużej misce połącz mąkę, cukier, proszek do pieczenia, sodę oczyszczoną i sól.
c) Dodać miękkie masło, jajko, śmietanę i wanilię. Mieszaj, aż dobrze się połączą.
d) W osobnej misce przygotuj kruszonkę łącząc mąkę, brązowy cukier, cynamon i roztopione masło.
e) Rozsmaruj ciasto na przygotowanej formie i równomiernie posyp kruszonką na wierzchu.
f) Piec przez 30-35 minut lub do momentu, gdy wykałaczka wbita w środek będzie czysta.

96. Czarno-białe kanapki z lodami ciasteczkowymi

SKŁADNIKI:
- Czarno-białe ciasteczka w stylu nowojorskim
- Lody waniliowe

INSTRUKCJE:
a) Gdy czarno-białe ciasteczka ostygną, połóż gałkę lodów waniliowych na płaskiej stronie jednego ciasteczka.
b) Na wierzch połóż kolejne ciasteczko płaską stroną do dołu i delikatnie dociśnij, tworząc kanapkę.
c) Powtórz tę czynność z pozostałymi ciasteczkami i lodami.
d) Opcjonalnie obtocz krawędzie lodów w posypce lub mini kawałkach czekolady, aby uzyskać dodatkowy akcent.
e) Zamroź kanapki z lodami na co najmniej 1 godzinę przed podaniem.

97. Rugelach w stylu nowojorskim

SKŁADNIKI:

- 2 filiżanki mąki uniwersalnej
- 1/4 łyżeczki soli
- 1 szklanka niesolonego masła, zmiękczonego
- 8 uncji serka śmietankowego, zmiękczonego
- 1/2 szklanki granulowanego cukru
- 1 łyżeczka ekstraktu waniliowego
- 1/2 szklanki przetworów owocowych (morelowych, malinowych lub do wyboru)
- 1/2 szklanki posiekanych orzechów (włoskich lub pekan)
- Cukier puder do posypania

INSTRUKCJE:

a) W misce wymieszaj mąkę i sól.
b) W drugiej misce utrzyj masło, serek śmietankowy, cukier i wanilię na gładką masę.
c) Stopniowo dodawaj mieszaninę mąki, mieszając, aż składniki się połączą.
d) Ciasto podzielić na cztery równe części, z każdej uformować dysk, zawinąć w folię i wstawić do lodówki na co najmniej 1 godzinę.
e) Rozgrzej piekarnik do 175°C i wyłóż blachę do pieczenia papierem pergaminowym.
f) Rozwałkuj po jednym krążku na posypanej mąką powierzchni w okrąg o grubości 1/8 cala.
g) Na cieście rozsmaruj cienką warstwę konfitury owocowej i posyp posiekanymi orzechami.
h) Ciasto pokroić w kliny, każdy z nich zwinąć od szerszego końca i ułożyć na przygotowanej blasze.
i) Piec przez 15-18 minut lub do złotego koloru. Przed podaniem posypujemy cukrem pudrem.

98. Czekoladowy krem jajeczny w stylu nowojorskim

SKŁADNIKI:
- 2 łyżki syropu czekoladowego
- 1 szklanka pełnego mleka
- Woda Seltzera

INSTRUKCJE:
a) Do wysokiej szklanki wlać syrop czekoladowy.
b) Dodaj pełne mleko i dobrze wymieszaj.
c) Powoli dodawaj wodę selcerską, ciągle mieszając, aż utworzy się piana.
d) Podawać natychmiast ze słomką.

99. Tort Linzer w stylu nowojorskim

SKŁADNIKI:
- 1 1/2 szklanki mąki uniwersalnej
- 1 1/2 szklanki zmielonych migdałów
- 1 szklanka niesolonego masła, zmiękczonego
- 1/2 szklanki granulowanego cukru
- 1 łyżeczka ekstraktu waniliowego
- 1/2 łyżeczki cynamonu
- 1/2 łyżeczki skórki cytrynowej
- 1 szklanka dżemu malinowego
- Cukier puder do posypania

INSTRUKCJE:
a) Rozgrzej piekarnik do 175°C i natłuść formę do tarty.
b) W misce wymieszaj mąkę i zmielone migdały.
c) W drugiej misce utrzyj masło, cukier, ekstrakt waniliowy, cynamon i skórkę cytrynową.
d) Stopniowo dodawaj mieszaninę mąki, mieszając, aż składniki się połączą.
e) Dwie trzecie ciasta wyłóż na dno formy do tarty.
f) Na cieście rozsmaruj dżem malinowy.
g) Pozostałe ciasto rozwałkować i pokroić w paski. Ułóż paski w kratkę nad dżemem.
h) Piec przez 35-40 minut lub do momentu, aż krawędzie będą złociste.
i) Ostudzić przed posypaniem cukrem pudrem.

100. Pudding bananowy w stylu nowojorskim

SKŁADNIKI:

- 1 1/2 szklanki pełnego mleka
- 1 puszka (14 uncji) słodzonego skondensowanego mleka
- 1 pudełko (3,4 uncji) mieszanki błyskawicznego budyniu waniliowego
- 2 szklanki gęstej śmietany, ubitej
- 1 łyżeczka ekstraktu waniliowego
- 4 szklanki wafelków waniliowych
- 4 dojrzałe banany, pokrojone w plasterki

INSTRUKCJE:

a) W dużej misce wymieszaj pełne mleko, słodzone mleko skondensowane i błyskawiczny budyń waniliowy, aż uzyskasz gładką masę. Pozostaw na kilka minut.
b) Dodaj bitą śmietanę i ekstrakt waniliowy, aż dobrze się połączą.
c) W naczyniu do serwowania ułóż wafle waniliowe, plasterki banana i masę budyniową. Powtórz warstwy.
d) Przed podaniem przechowywać w lodówce przez co najmniej 4 godziny lub przez noc.

WNIOSEK

Kończąc naszą kulinarną wyprawę po „Niezbędnych przepisach kultowych Nowego Jorku", mamy nadzieję, że ta książka kucharska zanurzyła Cię w bogatym gobelinie smaków, które definiują bicie serca miasta. Każdy przepis to list miłosny do różnorodnych społeczności, historycznych dzielnic i kulinarnych innowatorów, którzy przyczynili się do kulinarnego dziedzictwa Nowego Jorku.

Niezależnie od tego, czy odtworzyłeś kultową pizzę w stylu nowojorskim, delektowałeś się słodyczą czarno-białego ciasteczka, czy też opanowałeś sztukę przygotowania idealnego bajgla, ufamy, że te 100 przepisów wniosło do Twojego wnętrza kawałek kulinarnej magii miasta. dom.

W miarę odkrywania tętniącej życiem sceny kulinarnej Nowego Jorku, niech te przepisy będą źródłem inspiracji, łączącym Cię z dynamicznym duchem miasta i różnorodnymi wpływami kulturowymi. Oto ponadczasowy urok kultowych przepisów Nowego Jorku i niech Twoja kuchnia na zawsze będzie rajem dla niezwykłych smaków, które czynią miasto światową ikoną kulinarną!

www.ingramcontent.com/pod-product-compliance
Lightning Source LLC
Chambersburg PA
CBHW071904110526
44591CB00011B/1536